Varia / Feltrinelli

LUCA BOTTURA

BUONISTI UN CAZZO

Feltrinelli

Prima edizione in "Varia" febbraio 2020

Stampa Grafica Veneta S.p.A. di Trebaseleghe - PD

ISBN 978-88-07-49252-5

FSC
www.fsc.org
MISTO
Carta
da fonti gestite in
maniera responsabile
FSC® C021883

Buonisti un cazzo

(Metterci il) Cappello

Non fidatevi degli uffici con le pareti arancioni. Mai. Se poi in un angolo c'è un biliardino con cui i dipendenti possono giocare, tremate. E quando sentite la parola startup dovete essere già nel cortile. Altrimenti è finita. Altrimenti la Milano da bere, quel che ne resta, ciò che ne consegue, vi si manda giù in un sorso. Diventate ruttino in un attimo. Burp.

Eppure quel giorno ero lì. L'arancione non era neanche il colore dominante, forse fu quello a fottermi. E anche che uno dei tizi seduti al tavolo di fronte, mentre la pallina del calciobalilla rimbalzava ostile in sottofondo, fosse un amico di lunga pezza. Diventato, appunto, uno startupper. Uno gravido di stock option. Un bell'ometto cui voglio bene pure ora, che quell'azienda se l'è comprata e rivenduta, comprata e rivenduta di nuovo. E trascorre i suoi giorni disegnando cosette belle e infantili. Dunque simili a me, almeno al 50 per cento.

Ero lì, madido di disoccupazione appena raggiunta, ché *Cuore*, l'enclave del cazzeggio di cui ero stato "altro direttore", cioè redattore ordinario, s'era appunto trasferita a Milano, e io mica volevo lasciarla, la lasagna di mamma, mica volevo fuggirli quei portici che il Maestrone paragonava alle cosce femminee. Mica volevo stanziarmi in quel che mi appariva così grigio e ostile e oggi mi sembra come la città di Gaber: un rifugio, largo e vitale. Così mi ero licenziato. Dopo aver urlato: "Banzai!".

Ero lì a proporre nientemeno che un'idea satirica legata al governo Mediaset, che imperava, da vendere al minuto nel portale che da *Cuore* aveva preso le mosse. Merchandising, stavo scoprendo che si diceva. Un giochetto provocatorio derivante dalla necessità, per me. Di qualche denaro, anche. Ma soprattutto utile per ovviare al problema di sentirmi associato a colui il quale si configurava, all'epoca, come il male assoluto. Per il Paese.

E il bene terminale, per chi campava canzonandolo.

Mi ero detto (e lo stavo ripetendo ai giovani stockholder, tra cui uno che – potrei giurarlo – si era presentato come creative manager, o qualcosa del genere, senza che cercassi di atterrarlo con un destro alla mascella) che ci sarebbe stato da vergognarsi a varcare il confine come ragazzi immagine di un tizio del genere. A me era già successo. E mi sarebbe capitato poi, per vent'anni di fila circa, con l'apice di un tizio, in un bed and breakfast al confine tra Slovacchia e Polonia, che non sapeva una parola di nessuna lingua, ma ripeteva ridendo: "Berlusconi! Bunga Bunga!". E intanto alzava e abbassava ritmicamente il pugno con una mimica che ritenevo tipica di ben altre latitudini. Ladispoli, tipo.

Mi ero detto, e lo stavo appunto proponendo, che sarebbe stato bello produrre una t-shirt difensiva con la scritta "Sono italiano ma non ho votato Berlusconi" tradotta in tutte le lingue, farla girare, creare un circolo virtuoso di sberleffo e *argent de poche*. Mi dissero qualcosa tipo "le faremo sapere".

Non mi fecero sapere.

La vidi in vendita ovunque pochi mesi dopo. Alle Feste dell'Unità. Ai concerti. Persino davanti agli stadi, che ancora non erano, non del tutto, un apostrofo nero tra le parole "Springtime" e "For Hitler". Era identica a come l'avevo disegnata, ovale con la "I" compreso, quello che una volta si attaccava sul baule delle utilitarie, davanti ai giovani capitani d'industria e al creative manager. Che attualmente credo gestisca il Billionaire di Ouagadougou.

Ci misi un po', scartabellando nella casistica delle frasi pseudoconsolatorie, a farmene una ragione. Un bel po'. Il giovane manager è fortunato che io possieda la stessa memoria fotografica di una reflex col tappo. Ma in fondo ero e resto contento che così tanta gente si sia vestita come speravo facesse. Più che altro, mi piaceva e mi piace l'idea di aver fatto da sartina del malessere altrui. Da umile operaio nella vigna del pernacchio. È la parte buona della vanità. Quando ti dicono "l'avrei scritta così". O "l'avrei fatta così". Addirittura "hai scritto quel che penso".

Le rare volte in cui succede, non so mai cosa rispondere. Ma mi rallegra come un'oretta di sesso fatto bene. Quindi non il mio. E sticazzi di chi ci guadagna. In fondo sono un ragazzo semplice: mi bastano tre mesi all'anno alle Maldive*.

Così, quando il settimanale per cui collaboro ha messo in copertina il titolo di questo libro, l'invettiva che avevo buttato lì un paio d'anni prima, e che per caso o per fortuna era diventata virale, quella contenuta nel pezzo primigenio che trovate in coda a codesto tomo, e l'ha fatto assumendola da *Propaganda Live*, che l'aveva desunta dalla rete, dove si era dispersa dopo il varo, che al mercato mio padre comprò, dopo cioè che sono finito in prima pagina sul mio giornale ma senza esserci davvero, l'ho presa (giuro) benone.

A differenza della maglietta, stavolta era davvero un caso. Un tipico esempio di cortocircuito internettaro. Ma anche qui c'era la piccola soddisfazione di essere stato amplificatore di uno spirito del tempo, che poi aveva fatto il giro largo ed era finito su quel cartello, di quella manifestazione, finita su quella copertina, dopo essere cascata dentro un bel programma.

E sticazzi della firma, appunto.

Solo che poi m'è venuta voglia di declinare, di contarmi e di contarci, di vedere se le mie avventure emotive, politiche, addirittura – oddio – personali, i miei limiti e i miei slanci, le mie contraddizioni e le mie opinioni più risibili, potessero uscire da quel cartello, da quella copertina, da quel pezzo sul blog, per parlarmi addosso scopo conoscenza ed eventuale matrimonio con chi ha condiviso quel fiotto liberatorio contro il PuC: il Partito unico Cattivista.

Che grazie all'ego gracidante di Salvini ha fatto un momentaneo passo indietro nel Palazzo. Ma solo per prendere la rincorsa. Con buona parte del Paese che gli soffia sul collo. Dalle narici.

Avevo promesso all'editore tutt'altro. E ciò che vai a leggere è a fortissimo rischio noia, o presunzione, o entrambe. Ché il satirico deprivato del peto smette di essere morale e rischia quasi sempre il moralismo. Solo che ormai era fatta. Ero partito.

Così, niente libro comico su chi ha governato e sui loro inutili idioti (anche se, a ripensarci, "Sovranisti un cazzo" poteva essere una bella idea), ed eccoci qua. Meno sereno di un tempo, ma non per questo stanco.

Sì, ho appena citato Jovanotti, che è la dimostrazione di come a studiare puoi smettere di essere un coglione. Mi sarebbe andato benissimo, certo meglio di questo Don Abbondio che si è dato coraggio in modo del tutto casuale, un Governo Veltroni che in realtà è cattivissimo ma da politico e da cineasta risulta una specie di gattino. Avercene. E prima che smettesse di cantare, nel '96, la retorica di Ligabue mi avvinceva. Ho pianto per *La vita è bella*. Ogni volta che Paolo Virzì fa un film me lo limonerei. Quando un pensiero razzista, fascista, linotipista, mi attraversa il cuore o la pancia tento di abbatterlo e ogni tanto ci riesco. Trovo l'ipocrisia un valore stimabilissimo. Al confronto di Di Maio e Di Battista, Cirino Pomicino mi sembra Cavour. E soprattutto me ne batto alla grandissima se dico o scrivo cose buone per lo zerovirgola elettorale. Perché non sono un politico, e per questo ho la presunzione, appunto infantile, del contagio del buono. O almeno del migliore. Che due o tre cose di civiltà le dirà e proverà a farle sempre, e comunque.

Perché ritiene di avere molti fratelli in sonno, sparsi per questo sfortunato Paese che non ha bisogno di eroi e nel caso se li sceglie di merda. O ci sputa sopra.

Perché sono quella roba lì.

Buonista un cazzo.

Legenda per Toninelli

* È una battuta. Non ci sono mai stato alle Maldive. Sto mettendo da parte il sussidio di Stato per i giornalisti**.

** Non c'è alcun sussidio per i giornali dal 2012. Siete dei peracottari.

Augusto era un tipo basso e gentile, con due baffoni alla Stalin. Sembrava Sandro Ruotolo coi capelli stirati, cioè la mascotte delle Pringles. Faceva l'ispettore dell'*Unità*.

No, l'ispettore dell'*Unità* non era un torturatore della Stasi. Non mangiava bambini in umido. Non aveva invaso l'Ungheria. O forse sì, ma solo per spacciare calze di nylon a giovani magiare compiacenti. Non era neppure il commissario dedito a mantenere unito il partito, il tutore del centralismo democratico, il compagno buonsenso. Magari, ci fosse, una figura così. Invece, oggi come allora, due tizi di sinistra fanno tre partiti. Almeno.

L'ispettore dell'*Unità* era il signore, appunto basso e gentile, che passava per le agenzie di distribuzione dei giornali e ne controllava la diffusione, le copie vendute, le rese. Quando ancora c'era *l'Unità*, cioè finché Matteo Renzi non disse che la riteneva "un brand importante".

Alla parola "brand", pare che Antonio Gramsci avesse telefonato a san Pietro per chiedere una dispensa. Voleva reincarnarsi in un grosso piccione per farla addosso a Renzi prima che portasse a termine la sua opera di distruzione. Non gli riuscì. Cosicché al giornale accadde ciò che è poi più o meno successo al Pd: rimase il nome, da usare solo per le feste, senza più avere chiaro cosa rappresentasse. Con sempre meno da festeggiare.

Il brand, ma porca di quella troia.

E mica per l'anglicismo, eh? Io un tempo ero un pasdaran* dell'italiano, odiavo quelli che facevano la *conference call* invece che la riunione a distanza, chi parlava di *sentiment* al posto dell'opinione, chi diceva *tbc* invece che da confermare. Pareva la conferma della tubercolosi, pareva.

Perché, badate bene, quando una parola inglese prende il posto di una italiana, non si sostituisce solo un lemma. Sparisce proprio il senso. Lo Stato Sociale, da quando è diventato Welfare, rappresenta solo il nome di un pur eccellente gruppo musicale. Il servizio clienti, prima che mutasse in *customer care*, rispondeva al telefono. E, quando il licenziamento non si chiamava ancora *jobsact*, ti prendevano comunque a calci in culo ma almeno non pretendevano che ringraziassi.

Poi ho letto un bel libro, di Donata Schiannini, una che aiutava Tullio De Mauro, mica cotiche (no *pork rinds*) e ho capito che la lingua (*tongue*) è un corpo vivo (Pamela Anderson). Dunque non sono più così rigido (*enlarge your penis*) e accetto quasi tutto, tranne gli spaghetti alla bolognese (*pure shit*).

Ma *l'Unità* non è un brand. Era, o sarebbe diventata, la mia vita. A partire da Augusto, e da quella agenzia. Quella mattina di dicembre del 1988, mia madre, che quei giornali impilava, spostava, contava, nel sotterraneo vicino casa dove spesso la raggiungevo, per aiutarla a confezionare i pacchi (e rubare qualche giornaletto porno), lo avvicinò: "Mio figlio lavora in una radio privata, non è che al giornale...". Naturalmente il giornale non era *il Giornale*. Il giornale era una sineddoche[****]: quello che la domenica ci portavano a casa, il Primo maggio insieme al garofano, il 25 aprile con la bandiera tricolore da appendere alla finestra.

Il giornale era appunto *l'Unità*.

Qualche sabato dopo ero di fronte a un distinto signore che aveva l'età che io ho ora, dunque mi sembrava vecchissimo. Intorno, copie rilegate delle annate precedenti. Stalin in quel caso c'era davvero, e mi adocchiava nascosto tra le pagine dei libroni con la copertona damascata, il bordo nero, l'annata scritta in oro. Contenevano le vecchie collezioni.

Mi disse di sedermi su una sedia bianca, il signore, non Stalin, di quelle da dibattito deserto alle Feste di cui sopra, e mi fece subito capire che il giornalismo significa dire la verità: "Hai proprio dei guanti di merda". Aveva ragione: marroni scamosciati, in due tonalità. Li persi poco dopo. Il mio subconscio era molto obbediente.

Mi sentivo circondato dalla Storia, anche se all'epoca confondevo ancora Pinochet con Fidel Castro. Roba che adesso avrei fatto per un po' il vicepremier. Intorno avevo lo sgabuzzino. Intorno allo sgabuzzino, la segreteria, dove incombevano centraliniste con la cordialità di una notte novembrina a Bucarest. Intorno alla segreteria, un palazzo patrizio ricco di scalinate patrizie, scale patrizie, una certa Patrizia della portineria con cui tentai invano di giacere.

"Non abbiamo bisogno, ci faremo vivi, al massimo ti pagheremo il biglietto dell'autobus se andrai a qualche conferenza stampa." Avevano bisogno. Un tipo che scriveva di basket era appena andato a Roma. Il sabato successivo mi ritrovai davanti a una vecchia Olivetti verde, in ghisamistopiombo.

Credevo fosse una prova, un test. Il giorno dopo mi chiamò un mio amico: "Ma scrivi su *l'Unità*?".

Due mesi dopo ero in Belgio, a Ostenda, a seguire una partita della cara e vecchia Virtus. Tre mesi dopo facevo le chiusure. Dopo le 20, i compagni redattori raggiungevano le loro tiepide case e un tizio a caso, magari il più giovane, rigorosamente abusivo e senza contratto come me, finiva davanti alla radio della polizia per ascoltare quel che teoricamente non si poteva. Bip. Bip. Biribip.

La seconda volta che ero lì, senza neanche Facebook su cui fare pesca a strascico per ammazzare il tempo, ammazzarono – per davvero – il direttore del supermercato in cui mia madre mi portava da piccolo, laddove polli arrosto rotanti erano metaforicamente usciti dalla loro gabbia di plexiglass per popolare i miei incubi d'infanzia.

Invece di inorridirmi, allargai l'orecchio, cercai i dettagli più sanguinosi, chiamai tutte le agenzie esistenti come un Woodward, o Bernstein, alla besciamella. Provai la stessa sensazione di dodici Red Bull per via sottocutanea, di una pista d'atletica di coca, di quella volta che slacciai un reggiseno al primo colpo. Volevo raccontare. Ero eccitatissimo, dalla possibilità di mediare. Di essere gli occhi di chi avrebbe letto. E, anche, dal cambio di ruolo, di destinazione d'uso, dalla promozione a cronista per caso.

Così, ogni volta che mi toccava una disgrazia, fosse l'infarto del calciatore Manfredonia durante un Bologna-Roma, tre carabinieri crivellati e non ancora coperti, ammazzati dai poliziotti infedeli della Uno Bianca, un benzinaio e il suo cane trucidati dagli stessi maiali in divisa, uno accanto all'altro, con la povera bestia aperta in due che mi spingeva a maggior compassione rispetto all'uomo, composto, con gli occhi ancora aperti a guardare il cielo, e un unico grande foro sotto il collo color latte... ogni volta insomma che mi cimentavo con la morte di qualcuno e non con la vita buffa di un campo da pallone o da basket, mi sembrava di voler fare solo e soltanto quello.

Oggi la credibilità del giornalista è di poco inferiore a quella dei venditori di Rolex farlocchi in certe televendite notturne. Era successo a mio padre, di svolgere una professione – il ferroviere – destinata a dissolversi nella considerazione sociale. Un tempo pensavo fosse solo una questione economica. In realtà, c'è un parallelo: appena nate le strade ferrate, coloro che ne incrociavano le sorti rappresentavano una specie di legame col futuro. Il treno era la modernità. Ci lasciava, li lasciava, a bocca aperta. Poi ci siamo abituati. Ci sono mezzi più veloci. Lo diamo per scontato, anche perché nel frattempo è diventato costoso, spesso malfunzionante, talvolta accantonato in favore di mezzi che ci paiono infinitamente più avanguardisti.

Anche i giornalisti, all'inizio, erano un anello di congiunzione. Con la democrazia. Dopo la Seconda guerra mondiale toccarono il massimo di popolarità. Con un rapporto accettabilissimo tra gli interessi dei famosi editori impuri e la voglia di fare un'informazione decente. Persino *l'Unità* (aridanga) di Togliatti aveva come obiettivo di essere un secondo *Corriere della Sera*. Un primo giornale. C'erano bravissimi cronisti di sport, per dire. Poi ci è parso normale che i giornali rispondessero agli interessi collaterali degli editori. Dal '94, abbiamo accettato che facessero quelli di un editore solo. Così siamo arrivati al paradosso che gli elettori di quell'editore, storditi da decenni di programmi informativi (*Pomeriggio Cinque*, *Domenica Cinque*, *Verissimo* con Silvia Toffanin) e appuntamenti satirici (*Tg4*, *Studio Aperto*, i programmi di Porro), si sono consegnati mani e piedi ai disintermediatori.

Alla Casaleggio Associati, un'azienda che pare una band di liscio (a me ricorda Castellina e Pasi, quelli della sigla di *Lupin III*), eppure ha inoculato, con la "o", una quantità di balle *pro domo clic* da coprire la distanza che va da qui a Marte. O dal Pd a un successo elettorale.

Ma dico: tu? Tu, Davide Casaleggio, Piercasaleggio, figlio di un simpatico visionario che teorizzò, certo per ipotesi di scuola, l'arrivo di una Terza guerra mondiale, tu, lo spacciatore di fantasie assortite tra cui il cancro che si cura col limone, la palletta che lava senza detersivo, la democrazia senza le elezioni, Toninelli che fa il ministro, il partito di Bibbiano, il governo col partito di Bibbiano, tu, che da editore hai ribattuto le enormità pilotate dei siti russi, da Sputnik a Russia Today, tu che ti eri preso come frontman quell'agglomeratore di complottismi economici che si chiama Gianluigi Paragone, e non era neppure il peggiore, tu che hai regalato un posto fisso a Bruxelles a quel mitomane di Dino Giarrusso, l'ex Iena, uno che come primo servizio tv si occupò dei saluti romani e usò due foto di Fini e Alemanno che NON stavano facendo il saluto romano, tu che flirti con la bugia, che gonfi ogni singolo tweet, che hai aiutato tuo padre a hackerare l'energia di Grillo affinché diventasse affine a questo *tifenteròpatronetimonto* alla pummarola, anzi, alla bagnacauda, tu che i giornalisti li accetti solo quando sono servi, tu che li hai additati sul tuo blog solo quando erano liberi, scaricando autobotti di letame su gente dabbene, persino autori satirici, solo perché senza un cordone sanitario di leccaculo sei incapace di affrontare un qualunque evento pubblico, tu che hai una platea politica, cui ti rivolgi, che arriva pari pari dai peggio dei telegiornali, da *Libero*, da *La Verità*, dal *Fatto Quotidiano*, posti in cui non c'è un solo titolo che non abbia valenza indottrinatrice, dove nelle previsioni del tempo piove(va) solo sulle aree amministrate dalla Sinistra, dunque poco, tu, cazzo, proprio tu, sempre tu, nient'altro che tu, TI PERMETTI UNA QUALUNQUE OPINIONE SUI GIORNALISTI?

Mi calmo.

No. Col cazzo che mi calmo.

Perché poi c'è anche la bugia più grande, più venefica, la *killer application*, quella che nel grande regno dell'invidia sociale eterodiretta ha sparso su chi fa informazione una patina quasi indissolubile di morchia: i soldi pubblici ai giornali. L'aziendina di Milano, anzi, l'aziendina-partito, la Mediaset in minore, anzi: il suo ribaltamento, che investe sui decerebrati, o sulla loro creazione, con ancora maggiore lena: i finanziamenti pubblici ai giornali.

I finanziamenti pubblici ai giornali sono stati aboliti nel 2012, cioè cinque anni dopo il Vaffa Day in cui Beppe Grillo, scandendo una testata dopo l'altra, con ostentata voluttà quando doveva citare *il Manifesto*, *l'Unità*, *la Repubblica*, cioè quelle di sinistra, chiamava le cinquantamila persone di piazza Maggiore a rispondere con un vaffanculo. Il giorno in cui capii che non era un nuovo rivoluzionario, era un vecchio fascista. Forse persino inconsapevole. A un certo punto dev'essersene accorto pure lui.

Eppure il 105 per cento dei grillini, e di risulta anche gli altri sovranisti del proprio tinello, che si abbeverano alle stesse fonti inquinate da chi ci orina dentro, e con che piacere, è convinto che i pennivendoli, i giornalai, gli imbrattacarte, scrivano sotto dettatura perché sennò non riceverebbero dallo Stato l'elemosina che ritengono giusta per loro. Oppure (è la tesi del mio amico Massimiliano Panarari) ormai l'hanno persino capito, ma si muovono nell'alea magica, impermeabile alla realtà, in un patto di reciproche bugie che innerva la lotta contro gli altri, i buonisti, noi, per cui la verità ha perso definitivamente valore. È sopravvalutata. Quindi lo sanno, ma se ne fottono.

Poi, magari quei fondi ci fossero. L'informazione, con tutto il rispetto per un mercato che ritengo comunque apprezzabilissimo, non è un sex toy. Un surplus. Qualcosa di cui un organismo più o meno integro può fare a meno appoggiandosi a scelte più naturali, ancorché – credo di averlo letto su TzeTze – foriere di un calo delle diottrie. Se la si lascia in balia del solo mercato, in edicola restano solo *Topolino* e *Il mio Papa*. Ma il punto è che si tratta di un inganno. Ed è un inganno sesquipedale, un vittimismo rancoroso, un sequestro emotivo da energumeno dei rapporti umani.

Pochi mesi dopo quella mattina nella redazione dell'*Unità*, quella dei guanti di merda, proposi un pezzo sul mondo delle curve. Era il 1989. Mi incuriosì molto il fatto che – ovvio – fossero persone normali catapultate in un mondo parallelo nel quale, in base a un patto fatto di valori ancestrali, tutto era permesso. Menare, era permesso perché avevano cominciato gli altri. Minacciare, era permesso perché gli altri avevano fatto peggio. Aggredire i giornalisti, era permesso perché erano stati loro, per servire non era chiaro chi, a provocare.

La mia interlocutrice ultrà (sì, una donna) era una maestra elementare di cui diventai amico. Una persona notevole, così notevole che anni dopo l'ho chiamata sul palco del concertone, quello del Primo maggio, per raccontare la sua meravigliosa classe fatta di nuovi italiani. Va ancora in curva. Ma quella curva se la sono mangiata gruppuscoli neofascisti che campano vendendo i gadget della società e forse per questo non la contestano. Ma intanto, quando le cose vanno male, fanno striscioni contro i giornalisti.

Non cogliete una curiosa sovrapponibilità? Non vi pare che i Di Maio, i Di Battista, quelli che parlano di infimi sciacalli (il *Tg2* disse infami, Palazzo Chigi mandò una nota per correggere la vocale, fu letta in coda al telegiornale: "Ha detto infimi, non infami") vivano la stessa vita? Non vi sembra che poco cambi tra chi estrae le lame "perché avevano cominciato loro" e chi dà delle puttane ai giornalisti perché la Raggi, che pure portava le arance ai dirimpettai politici indagati, è stata assolta e dunque non bisognava neanche dire, cristodundio, che era indagata?

Gente che per proprio tornaconto accusa gli altri di agire per il suo. Sovranisti del proprio piccolo spicchio di stadio. Non dissimili dai profeti economici giallobruni, i Borghi, i Bagnai, quello che ballava sulla cassa da morto della mia *Unità* e adesso si prende, per usare un argomento caro ai sodali grillini, uno stipendio da direttore di giornale. Che gli pago io. E, non contento, se lo perculi ti querela pure.

Ruote marginalissime del carro accademico, quello su cui Di Maio manco salì, così come Di Battista rappresenta il ruotino sgonfio del trabiccolo giornalistico. Lui, che scrive con la zappa. Che (pare) abbia mutuato il proprio odio per l'establishment dacché propose a *Repubblica* pezzi respinti dopo che il correttore ortografico era esploso. Lui, i cui reportage per il Giornale dei Giusti erano un accrocchio di luoghi comuni tratti da Wikipedia, plateali ipocrisie sui migranti messicani che evidentemente valevano meno di quelli africani, del resto lui governa qui, mica Oltreoceano, e, soprattutto, la patente incapacità di riconoscere una notizia.

Di Battista era in Sudamerica mentre migliaia di persone camminavano verso la frontiera con gli Usa in uno dei più epocali rivolgimenti di massa dell'era moderna. Un esodo che resterà nei libri di storia ma intanto era nelle cronache di tutto il mondo. Non se n'è accorto. Non ne ha scritto.

Perché è scarso anche come giornalista. Un egotico incapace che senza le faccette, il tono concitato, le iperboli basate su dati falsi, il mantra delle "brave persone" ripetuto allo sfinimento (altrui) resterebbe il ragazzone senz'arte né parte che dal padre fascista ha preso la fascinazione per l'autoritarismo, la stessa indole vendicativa che passa per la distruzione di chi ti ha impedito di fare carriera. Giustissimamente.

I giornalisti italiani sono principalmente italiani. Ci sono i cialtroni, i venduti, i disonesti. E poi ci sono le Maria Grazia Cutuli, le Ilaria Alpi, i Pippo Fava, i Giancarlo Siani, i Peppino Impastato. Gente a cui il sottoscritto manco potrebbe lustrare la lapide. Ma con la quale, credo, condivide l'amore per una professione di cui capii l'essenza quella sera, mentre il cadavere del direttore di supermercato era ancora caldo: raccontare, in buonafede, nel modo più rigoroso possibile.

Non saranno questi staracini a impedircelo.

E "cani da riporto delle mafie" ci sarete voi, imbecilli.

Legenda per Toninelli

* Oltranzista**.
** Estremista***.
*** Uno che a quella roba lì ci tiene molto.
**** Non puoi capire.

Da ragazzo indossavo spesso un bomber verde dell'Aeronautica militare acquistato di seconda mano alla Piazzola, il mercatino di Bologna dove i ladri erano di due tipi: i borseggiatori e i tizi dietro le bancarelle.

Chi emetteva lo scontrino rischiava il linciaggio.

Mi stava malissimo. Sembravo un sacco del vetro appena meno aggraziato. Con tutto il rispetto per i sacchi del vetro.

A dirla tutta, non era l'unico cedimento a destra. Estetico, e di postura – parolone – intellettuale. Perché l'adolescenza è quel posto del mondo in cui essere antagonisti, di un qualunque antagonismo, viene un po' più naturale. E il contesto fa sempre la differenza sulle parti da prendere.

Siccome vivevo nel paesone rosso, nella vetrina che presto avrebbe cambiato gestione, ma all'epoca era tutto Pci, la blanda ribellione significava ipso facto* essere contro il Partito.

Non era sovranismo psichico, forse non sapeva di esserlo, più probabilmente rappresentava una subcultura necessaria per autodefinirsi. Contro, naturalmente.

Di qui, l'insofferenza per quella sorta di Svezia al ragù in cui mi era dato di crescere. Con i bus gratis, i servizi scintillanti, i diritti civili all'avanguardia, il tessuto sociale che reggeva in modo magnifico, pedagogico.

Che palle.

Per capire cosa stessi combattendo mi ci sarebbero voluti anni. E un collega del *Carlino*. Un ricamatore della narrazione, un tipo colto e ironico, un competente sopraffino – a differenza mia – di basket, che raccontavo arrampicandomi sull'inventiva. Un cialtrone. Io.

Una sera, viaggiavo verso i ventidue, scrivevo già per *l'Unità*, mi diede uno strappo al ritorno da Cantù, un apostrofo in teak tra le parole "che posto" e "di merda".

Notai che il portachiavi della sua Audi argentata era la testa di Mussolini. Che dondolava stolida, e inconsapevolmente autoironica. Pensai fosse un coglione. Un invasato. Un Andrea Sperelli** all'olio di ricino.

Ma era nato a Reggio Emilia. Che stava a Bologna come la Corea del Nord stava alla Jugoslavia di Tito.

Oggi che è in pensione, organizza campus per bambini disabili. Scrive libri bellissimi su storie di canestri e perdenti. Temo addirittura voti Pd. E io ho scoperto che da teenager gli somigliavo. O viceversa. Eravamo fatti della stessa materia di cui sono fatti i "fottetevi".

Portavo il bomber, talvolta il Big Smith, declinazione provinciale dei Moncler milanesi, delle Timberland, degli orribili maglioni a strisce colorate di marca Les Copains. Afferivo**** al riflusso paninaro, andavo a rimorchiare in parrocchia, pensavo che le tv di Berlusconi ("Corri a casa in tutta fretta, c'è un Biscione che ti aspetta") fossero il nuovo.

Drive In mi pareva un paradigma di modernità, oltre che una sfilata di tette e culi con cui rallegrare la solitudine adolescenziale.

Un giorno, profittando dei biglietti gratis delle Fs, costrinsi mio padre ad andare in pellegrinaggio a Milano 2 per vedere gli studi Fininvest. Non mi fecero entrare. Tornai a casa in tutta fretta. Con lui. Che non capiva. Ma intanto si era comprato un altro orologio a poco prezzo di quelli che collezionava avidamente, scovandoli nei negozietti vicino alle stazioni. Tipo Wish, ma senza recensioni russe farlocche intorno.

Era il mio '77 con la gommina in testa, la lampada sul viso, i vestiti che spillavo ai miei. La mia ricerca di un ascensore sociale. O di un Tardis dell'autorappresentazione. La mia confusa ribellione. Da destra, appunto. Ma con lo stesso affaccio, lo stesso nemico, del mio amico ch'era divenuto fascista per reazione.

Avevo quel bomber. E il bomber aveva un tricolore sul braccio, lo scudettino, la scritta "Italia" bianca in campo blu.

Cominciavo a maturare quella sorta di autismo cromatico che ancora oggi mi attanaglia quando qualcuno lo espone al contrario. I Leonardo Express di Fiumicino, per esempio, con la livrea dell'Ungheria.

Le targhette di Italo con la bandiera della Costa d'Avorio.

I manifesti di Scarlett Johansson, o chiunque sia quella che appare nei volantini elettorali di Giorgia Meloni.

Le grafiche *ad minchiam****** sparse per i tg, specie su Sky.

Una volta la Puma sbagliò persino la maglia della Nazionale: chiesi al *Corriere* di scriverne indignato. Me lo permisero, compassionevoli. Deridendomi assai.

Siccome la nobiltà delle scelte è quasi sempre postuma, il maquillage razionale che diamo alle nostre mosse più istintive e cocciute, ho da poco scoperto che anche lo stemma della Repubblica Sociale portava un tricolore a rovescio: rosso, bianco e verde. Probabilmente per farlo vedere al Duce dal verso giusto, nel suo ultimo atto. O per distrazione. La stessa dei bandierini su Twitter quando vanno a memoria. E accanto al nick fascistissimo incollano lo stendardo dell'Irlanda o appunto della Costa d'Avorio. Sapessero.

Ma il tricolore mi piace.

La fascinazione è rimasta intatta mentre le mie opinioni politiche mutavano, la mia sensibilità democratica cresceva, la comprensione del piccolo eden turrito in cui ero cresciuto si definiva e fortificava. Un attimo prima che crollasse. Che la vetrina venisse ricoperta di graffiti. Che la Storia tirasse giù la serranda.

Mi piace con la passione di un bambino, del quindicenne che sono e che fui.

Mi piace perché mi urta lasciarlo in mano ai fasci.

Mi piace come mi piacciono le divise da pallone, di cui conosco ogni dettaglio, delle quali posso descrivere mutazioni anche microscopiche di stagione in stagione. Deprimendomi per un colletto sbagliato, per un bordo banale, per il punto di blu che è non come dovrebbe essere di fianco al rosso: i colori più belli del mondo. Anche se non vincono mai.

Mi piace come ai contradaioli senesi piace la bandiera che li rappresenta. Pur sapendo che la imbracciano, la indossano, la difendono, per soldi, tizi poco raccomandabili. Quasi quanto qualche calciatore.

Mi piace, anche se la zecca rossa che è in me vorrebbe abolire i confini.

Perché dove c'è frontiera, c'è casino.

Gli altoatesini un tempo mi stavano (ovviamente) sui coglioni. Io capisco il cupore di dover condividere lo stesso cielo con Mastella o De Mita. Però a tutto c'è un limite. Non è che se vengo ad aiutarvi a casa vostra col turismo potete trattarmi come Cesare Battisti, quello vero.

Da quando è arrivata Schengen, il Tirolo di fatto è riunito. I tralicci godono di miglior salute. E se non fosse per i *salvini* austriaci tutto correrebbe con l'armonia (e la noia) di uno jodel.

Ci stiamo ancora sui coglioni ma senza frontiere è diventato un non-problema.

Il Regno Unito si è reso conto del disastro quando, con un attimo di fatale ritardo, i brexiters si sono chiesti: "Occazzo, e l'Irlanda?".

Il tricolore mi piace.

Perché in fondo è uno straccio colorato in cui ognuno vede quel che vuole. Chi la nostalgia, l'ordine, la disciplina, ma solo per gli altri. Chi il riscatto inseguito e infine trovato.

Dovunque la appoggi, è patria. Qualunque cosa significhi.

Ricordo il mio giuramento al servizio militare. Cesano, fuori Roma. Fine anni ottanta. Moana passava in pellegrinaggio elettorale su una R4 scoperta, restituendo senso al bromuro che i generali, per il nostro bene, ci diluivano nell'acqua. Intanto, gli antennoni della Radio Vaticana, che portavano messaggi sulla vita eterna in ogni angolo del mondo, si incaricavano di velocizzare la nostra trapanandoci le cellule. Prima che Francesco abbattesse quei tralicci, c'era più leucemia a Cesano che alimenti proteici nell'armadio di Rocco Casalino.

Il tenentino raccomandato e analfabeta ci inquadrò e ci portò nel grande piazzale.

Indossavamo guanti bianchi bucati, luridi. Divise troppo larghe o troppo strette. In mano, vecchi Garand della Seconda guerra mondiale, che a caricarli si rischiava ogni volta di perdere il pollice. Dovevamo presentarli, simulando marzialità, a qualche tizio che intanto si fotteva le macchine da scrivere dall'ufficio in cui mi avevano messo a fare il dattilografo. E le portava a casa per regalarle alla figlia.

La marcetta di Mameli incuteva ilarità. La cornice grottesca in cui stavamo per immolare dodici mesi di vita ci sembrava la versione meno divertente di un film a petto in fuori con Edwige Fenech. Lo spirito di corpo consisteva nel mandare quel mondo ad andarci, di corpo. All'unisono.

Invece di "Lo giuro!", avremmo tutti urlato "Fanculo!". I meno temerari, "L'ho duro!". Mentendo.

Poi la banda suonò *Il Piave*. E per un attimo, forse meno, quella ridicola uniforme mi parve avere un senso. E manco lo collegavo a quel meraviglioso articolo della Costituzione per cui la guerra possiamo farla solo se ci attaccano. Quello che usiamo da anni come carta da terga, sia detto con licenza.

Quando Giuseppe Conte, il ragazzo immagine dei Cinque Stelle, l'uomo che si è autodefinito "non per tutte le stagioni" assumendo evidentemente che ce ne siano più di quattro, insomma lui, ebbe a commemorare l'8 settembre 1943, e non il 25 aprile, come giorno di "rinascita del Paese", fu giustamente sbeffeggiato. Eppure in qualche modo aveva ragione, ed è la stessa ragione per cui la bandiera che piace a me non è quella che piace ai fasci.

L'8 settembre rappresenta il giorno della resa, per la storiografia ufficiale ma soprattutto secondo i ragazzi di Salò e i loro epigoni che avrebbero preferito combattere a fianco dell'imitatore di Charlie Chaplin. Quello dei video su YouTube ridoppiati per coglionarlo. Il tizio amatissimo tutto faccette e camere a gas.

L'8 settembre è il giorno in cui un contadino di vent'anni dovette scegliere da quale parte stare di una vicenda dell'umanità che intuiva a malapena.

Era mio padre.

Da poco ho ritrovato al Distretto militare la sua corrispondenza mai recapitata. Scriveva a una fidanzata dell'epoca da Treviso, reparto autieri, nel lungo interludio di nulla che seguì la caduta del crapone e la speranza che la guerra fosse finita: "Facciamo la guardia per impedire ai fascisti di avvicinarsi. Viva il Re, viva Badoglio, abbasso Mussolini".

Qualche mese dopo era prigioniero in Prussia Orientale.

Il giorno dell'Armistizio il suo comandante si era arreso conto terzi.

Dovette scegliere da che parte stare. Scelse l'ignoto che riteneva più dignitoso, più fedele alla confusa idea di Italia, e di onore, e di etica, che poteva avere un birocciaio di vent'anni con la quinta elementare.

Lo caricarono su un treno merci piombato insieme a tutta la Compagnia. Al Brennero il suo migliore amico riuscì ad aprire di pochissimo la porta e si sporse dal vagone per cercare un po' d'acqua. Lo aprirono in due con la mitragliatrice.

Al Distretto c'era anche, polverosa e nitida, una cartolina con l'esterno lindo del campo. Una sorta di "Saluti dallo sterminio". E un messaggio per i suoi cari: "Ci trattano bene. Mangiamo. Tornerò".

Non era vero che stava bene. Non era vero che mangiava: arrivò a pesare 36 chili. Gli morirono dodicimila prigionieri intorno.

Era vero che sarebbe tornato. Abbandonando lo stalag di Kostrzyn, sull'Oder, oggi al confine tra Polonia e Germania, lato Est, mentre Berlino illuminava la notte bruciando in lontananza.

A differenza della *Vita è bella*, il carrarmato che entrò a Kostrzyn la stella l'aveva rossa, non bianca. Forse per questo mio babbo diventò comunista. O forse per i racconti di un ufficiale russo che vagava tra i fili spinati fingendosi pazzo: sarebbe riapparso in livrea il 31 gennaio del 1945, quando i crucchi erano già scappati. Voleva portarselo a Mosca. Fargli conoscere il generale Žukov, o almeno così millantava.

Invece il mio vecchio si incamminò fuori dallo stalag con Drajicza, la morosa slovena conosciuta nelle baracche, e altri due prigionieri reggiani coi quali aveva rubato bucce di patate e condiviso umiliazioni, zaini pieni di sassi da portare avanti e indietro, qualche lampo di umanità, come quello del sottufficiale che li mollava a "lavorare" nei campi dopo aver loro consegnato il suo orologio per capire quando tornare.

Del resto, dove potevano scappare?

Si sfamarono, nella lunga strada verso casa, dapprima col latte mollato sul fuoco da un tedesco che alla vista del serpentone di scheletri in cammino si era nascosto chissà dove.

Poi presero a girare l'Europa per mesi, come dei Primo Levi inconsapevoli e sgrammaticati. Volevano andare a Odessa e farsi riaccompagnare a casa. Ma avevano la bandiera sbagliata. Lì arrivavano solo le navi americane.

Si fermò a Caporetto per qualche settimana, ma ogni sera lo portavano al Kommandantur minacciandolo di morte: italiano significava fascista, e i fascisti non potevano stare con le oneste donne della Jugoslavia.

Gli rubarono un bomber di pelle che aveva raccolto dal cadavere di un soldato tedesco, lungo il cammino. Infine, lo rispedirono in Italia.

Quando riapparve, a novembre del '45, la sorella autistica non riusciva a credere che quello scheletro fosse davvero lui. "È tornato Enos! È tornato Enos!"

Quasi subito si innamorò di una sartina sedicenne. Era mia madre.

Il tricolore mi piace.

E mi piace l'8 settembre.

È il giorno in cui mio padre imbracciò il coraggio dei miti.

E quello in cui i partigiani raccolsero quella bandiera dalla fanghiglia del collaborazionismo. La data dopo la quale si può opporre una sonora pernacchia a quelli che dicono: "Fino al 25 aprile eravamo tutti fascisti". Col cazzo.

Che sì, certo, lo so, lo sbarco in Normandia, gli americani, Churchill, persino (lo sapessero i bandierini) gli indiani, i marocchini, i polacchi che liberarono Bologna... tutta gente che fu certo più decisiva, almeno numericamente, anche se spesso non strategicamente.

Ma gli altri, quelli che versarono il sangue dei vincitori, i bersagli del revisionismo *prêt-à-imprimer*[*********] che libro dopo libro ha reso dominante la retorica dell'antiretorica, ne candeggiarono il lordume, ne ripararono i buchi.

E fanculo il triangolo della morte.

Cioè no: fanculo no. Massimo rispetto per le vittime innocenti. Dolore vero. Ma se usi i danni collaterali del dopoguerra per spargere letame sull'unico mito fondante di 'sta povera repubblica, facile tu sia uno sciacallo. Uno dei tanti "fuori dal coro" che belano nel medesimo.

"Abbiamo vinto noi e tu sei senatore. Aveste vinto voi, sarei morto o in galera." Vittorio Foa al repubblichino Pisanò. In Senato, nel '46.

Ché i partigiani, e anche – più incidentalmente – chi non collaborò con gli occupanti nazifascisti, volevano, semplicemente, la loro patria libera. A prescindere dalle convinzioni politiche. Piccoli eroi che oggi, i pochi che sono ancora tra noi, quasi devono giustificarsi.

Partigiani bianchi, azionisti, brigata ebraica, non solo i "nostri". Perché, anche se è vero che non tutti i partigiani erano comunisti, ma tutti i comunisti erano partigiani, è anche vero che la presenza così forte della Sinistra ha indotto troppi di noi in un errore: pensare che il contrario di fascismo fosse, appunto, comunismo.

Invece no. Invece il contrario di fascismo è democrazia.

E non è neanche populismo. Il populismo è l'anticamera della dittatura. Fa credere al popolo che un tizio li rappresenti. Invece li manipola. Un bacione dopo l'altro. Un vaffanculo dopo l'altro.

Quella tra partigiani e nazifascisti non fu ciò che oggi qualcuno cerca di spacciarci, una lotta tra pari. Tra posizioni ugualmente redimibili, negoziabili, presentabili. Perché da qualche anno c'è un aspetto grottesco che accompagna una memoria lordata dai peggio figuri. Ed è difficile non vederlo. Ci siamo abituati, ci hanno abituati, a considerarlo come una specie di derby.

Mi è persino toccato di sentire un giornale radio della Rai che parlava del 25 aprile come data controversa. Cosa c'è di controverso? È facile, semplice, a prova di cretino. Da un lato la Resistenza, la democrazia. Dall'altro i nazifascisti, la dittatura.

Democrazia bene, dittatura male.

Poi, certo, ci sono stati, partigiani per male, vendette sanguinarie, violenze compiute contro inermi. E sono esistiti fascisti dabbene, gente che qualche ebreo magari l'ha nascosto, perché lo conosceva, perché da vicino non solo nessuno è normale, ma nessuno è davvero il male, anche se te lo dice il Duce. Ci saranno stati repubblichini che credevano a una loro forma di coerenza. Quando sento la nota canzone di De Gregori sul noto cuoco della nota Repubblica Sociale, non lancio la radio dalla finestra.

Però: democrazia, Resistenza, bene. Fascisti, dittatura, male.

Come scriveva Italo Calvino: dietro il milite delle Brigate Nere più onesto, più in buonafede, più idealista, c'erano i rastrellamenti, le operazioni di sterminio, le camere di tortura, le deportazioni e l'Olocausto; dietro il partigiano più ignaro, più ladro, più spietato, c'era la lotta per una società pacifica e democratica, ragionevolmente giusta, se non proprio giusta in senso assoluto, ché di queste non ce ne sono.

Non era un derby. Anche se oggi dirlo è impopolare. Anzi, come direbbero loro, fuori dal coro.

Nella via in cui abito, a Milano, c'è un negozio per il fascista moderno... Non scherzo: vendono scarpe, giubbotti, magliette... tutte riconducibili a quello che voleva Dio, Patria e Famiglia ed era ateo, fu preso mentre scappava in Svizzera, e di famiglie ne aveva almeno un paio.

Hanno usato come ragazzo immagine, come testimonial, come modello grandi forme, proprio l'ex ministro dell'Esterno. Il Caporale. Lui, che usa le frasi di Mussolini per vedere l'effetto che fa. E ne produce due, di effetti: i suoi camerati lo riconoscono, noi ci abituiamo a considerarla una simpatica provocazione. Finché rimane tale. Perché quando ci si abitua alle parole della discriminazione, quando si dà per scontato che ci sia qualcuno che ha meno diritti, per il colore della sua pelle, per la sua religione, per il suo genere, per i suoi orientamenti sessuali, si cambia nel profondo e tutti insieme.

E poi c'è il luna park di Predappio, coi calendari del Duce, pure quelli destinati all'ironia involontaria di finire appesi.

E c'è la leader di un partito dell'estrema Destra, che fino a questa piccola Weimar senza manco lo strudel sembrava persino una persona plausibile.

Scarlett.

Ora ha bisogno di like, di consensi spiccioli, di sfidare il cubista del Papeete a chi estroflette meglio la mascella. E lei, che sosteneva il Governo Monti, che ai tempi di Berlusconi sembrava sorella non d'Italia ma di Gianfranco Fini, uno che sapeva di doversi far perdonare, e a un certo punto aveva messo la sordina ai saluti romani e alle proprie radici più che luride… Scarlett candida un Mussolini qualsiasi, raccattato chissà dove, come i circhi Orfei che cercano un parente di dodicesimo grado per poter mettere il nome in cartellone, e si fa fotografare con lui all'Eur sotto il colosseo quadrato, a Roma. Come se fosse normale.

Ora pensate al nipote di Hitler che si candida in Germania facendosi il manifesto davanti allo stadio olimpico di Berlino magari con una bella fotografia alla Leni Riefenstahl. Non è normale. E non succede. Perché loro i conti con la loro storia li hanno fatti.

Ma non è solo una questione di simboli, di esteriorità. C'è un bel libro di William Sheridan Allen che racconta come si possa scivolare nell'autoritarismo senza accorgersene, basta che ci venga indicato un nemico chiaro. Si intitola *Come si diventa nazisti*. Banalmente, ecco come. Liliana Segre, numero 75190 ad Auschwitz: "Mio papà mi spiegò che ero stata espulsa da scuola facendomi sentire per la prima volta 'l'altra', la diversa... La maestra venne a casa e invece di abbracciarmi disse: 'Non le ho fatte mica io le leggi razziali'. Quell'indifferenza fu peggio di uno schiaffo. La parola 'indifferenza' è peggio della violenza".

Quindi non possiamo essere indifferenti a quello che accade in Italia qui e ora. A quelli che dicono: "Voi vedete fascisti ovunque".

Anche perché li vedo REALMENTE ovunque: li ho visti a Milano inneggiare a Mussolini, li ho visti irrompere nelle sedi di associazioni che aiutano i migranti, li ho visti sparare addosso ai neri come a Macerata, li ho visti bruciare la statua della partigiana di Vighignolo, li ho visti a Bologna a spaccare una lapide che ricordava la Liberazione, li vedo a raccogliere i fondi solo per gli italiani, a occupare le case e le sedi a Roma come CasaPound, li vedo quando picchiano gli omosessuali, li vedo fare i concerti con la loro musica di merda, perché non solo cantano idiozie ma le suonano pure malissimo, li vedo quando aggrediscono quelli che chiamano zecche rosse, li vedo allo stadio, li vedo sui giornalacci che spargono odio, livore, vittimismo passivo aggressivo, li vedo sputare sulla memoria dei martiri che non considerano "loro", come Giulio Regeni, perché il loro vero *payoff* non è #primagliitaliani. È #primaicazzimiei. E pazienza se ci va di mezzo la giustizia per altri italiani.

Li vedo approfittarsi della stessa democrazia che è nata contro di loro. Perché è facile fare i fasci in democrazia, è eroico essere democratici durante il fascismo.

Ma non mi rassegno. E non per una questione di memoria. Ché la memoria ce l'abbiamo ancora, è la consapevolezza che ci manca. La consapevolezza che quelli fuori dal coro siamo diventati noi. Che ci facciamo mettere all'angolo da quelli che parlano di retorica della Resistenza. Che lasciamo parlare perché ci sentiamo anacronistici, passati, vecchi. Ma cosa c'è di più vecchio di un vecchio fascista?

In tutto il mondo *Bella ciao* è un canto intonato da chi cerca la libertà. In Francia dopo la strage del Bataclan, i turchi vittime di Erdogan, la cantano in Spagna, in Grecia, la intonavano durante la Primavera araba... l'hanno cantata i dissidenti cinesi. È un canto di libertà che solo in Italia è diventato sinonimo di una fazione. Mesi fa la suonavano in una scuola materna, vicino a Bologna, non a Salò, non nel salotto di Salvini, e le maestre hanno dovuto scusarsi perché il solito papà che "per carità, io non mi occupo di politica" ha chiesto lumi. Ha protestato. E loro si sono scusate: "Ma no, la musica era quella. Ma cantavano *La mia nonna è vecchierella*!".

La mia nonna è vecchierella? Dio Mosconi.

Ma perché dobbiamo vergognarci dell'unico mito fondante di questo Paese dopo il Risorgimento? Perché noi che ne siamo i custodi non la difendiamo ogni giorno soprattutto ora che è in discussione?

È come l'Europa. All'inizio abbiamo capito quanto ci servisse... ci ricordavamo ancora di quando Alcide De Gasperi andava all'Onu, nel '46, col cappello in mano sapendo, come disse, che tutto era contro di lui tranne la cortesia di chi lo ascoltava.

Per colpa dei fascisti. Di quello che "allora sì che ci rispettavano".

Eravamo i paria del mondo.

L'Europa ci ha accolti. Protetti. Ridato dignità. Pace, checché ne dicano gli autoritari da tastiera che sfottono la verità solo perché è, oggettivamente, contro di loro. Solo perché quelli che volevano l'Europa dei popoli, cioè di fatto senza confini, e comunque aborrivano gli stati nazionali, ora si sono messi il fez solo per qualche voto di chi considerano pongo modellabile a piacimento. Che disprezzano. Il popolo.

Quelli che se la prendono con l'amministratore del condominio continentale solo perché ci ricorda che se fai parte di un condominio devi cercare di tenere pulito per la tua parte. Dalle mafie, per esempio. Devi pagare le quote. È normale. Anzi: essere in regola è un onore. Sono i poveri che hanno sempre odiato avere debiti.

Il tricolore mi piace.

Solo non voglio lasciarlo in mano ai fascisti, ecco. O, mi scuso per la tautologia, a Salvini. Anche perché rappresenta, potrebbe almeno, un aggregatore incidentale.

Anni fa, nel 2005, già vagavo tra una gastrite e un giro di valzer in qualche camerino famoso, ripercorsi l'Italia costiera in macchina sulle orme di Michele Serra.

Lui non voleva.

Un mese, da Ventimiglia a Trieste. Ogni sera mi fermavo dove Michele era stato vent'anni prima. Per verificare le differenze. E riferirle sull'*Unità*. Prima che Renzi la trasformasse in un "brand", appunto, utile solo a vendere meno salamelle. Sempre meno.

Non c'erano i social. Lo scemo del villaggio ancora non sapeva di poter diventare lo scemo del villaggio globale. Ma già era istruito dallo stesso grande vecchio che oggi salutiamo come il Papi della patria. Quello del Biscione che ti aspettava a casa in tutta fretta.

O anche nel sotterraneo di Villa Certosa. Qui c'era un'intuibile battuta sul Biscione ma la mia editor l'ha giustamente tolta.

L'uomo cui abbiamo permesso di cambiarci la vita coi suoi programmi pieni di nemici, di paure immaginarie. La fogna social prima dei social. I sondaggi falsati e cogenti prima di Casaleggio. La bugia sistematica *pro domo belli* prima del Capitone e dei suoi compari televisivi.

Il seminatore del campo in cui oggi raccolgono bulli o beoti.

Inseguivo storie esemplari, fotografie dell'Italia che già da dieci anni si era consegnata a Berlusconi con l'entusiasmo – e la stessa speranza di esserne remunerata – di una Ruby qualunque.

Alla fine scrissi:

"Tappa dopo tappa, ammaccatura dopo ammaccatura, fregatura dopo fregatura, ho scoperto che in realtà andavo cercando persone. Per le quali spesso ho provato simpatia, comprensione, empatia. Perché è facile, facilissimo, sfottere il popolo bue quando si presenta indifeso, da realtà indistinta. Un mucchio. Poi però, quando diventa una faccenda privata tra te e la fonte dei tuoi pregiudizi, finisce che le cose cambiano".

Da quella che doveva essere un'immersione nella piccineria di popolo, ero uscito rinfrancato. Stupito. Come un Di Battista che azzecca una consecutio.

Era come se fossimo stati, fossimo, o potessimo essere di nuovo, e davvero, brava gente, solo appesantita da una patina di cinismo che si era depositata sul nostro sentirsi, anche per caso, popolo.

Mi sentivo una specie di Rossellini sovrappeso, un neorealista della mutua irrorato di veltronismo, ché speravo ancora in un vento buono che soffiasse via quella sottile coltre.

Oggi che la patina si è ispessita, tende a un altro colore, a un'altra consistenza biologica, è senz'altro più difficile da rimuovere anche nel corpo a corpo.

Il tricolore mi piace.

Annodato alla bandiera europea può diventare una fune per calarsi dal palazzo che brucia. Cui abbiamo dato fuoco noi.

Il tricolore mi piace.

Marca una differenza che descriverò col più impopolare dei temi: la morte. Anzi, i morti.

Quattro: Fabrizio Quattrocchi, Nicola Calipari, Enzo Baldoni, Giulio Regeni.

Il primo era un contractor, ché mercenario implica subito un rimprovero morale ed è meglio non dirlo. Morì in Afghanistan, rapito da al-Qaida. La leggenda, alimentata da un noto giornale satirico diretto da Littorio Feltri, vuole che prima di essere ammazzato avesse pronunciato la frase: "Vi faccio vedere come muore un italiano".

Il secondo cadde in Iraq mentre scortava in aeroporto Giuliana Sgrena, cronista del *manifesto* scampata a un sequestro fondamentalista. Le fece scudo col corpo, fu colpito da pallottole americane. Fuoco amico. Era un ufficiale dei Servizi segreti.

Il terzo fu ammazzato dai tagliagole islamici dopo essere stato deriso dal fogliaccio di cui sopra con la copertina "Vacanze intelligenti", definito "pirlacchione" da Renato Farina, agente dei Servizi segreti pagato per depistare, radiato dall'ordine e tornato regolarmente a scrivere sulle stesse colonne, capace persino di inventarsi gli attimi della sua esecuzione senza aver ovviamente visto alcunché.

Il quarto è stato ucciso dai servizi egiziani. Almeno ufficiosamente. Ma la verità la sappiamo tutti. Come per Ustica, come per la bomba alla stazione di Bologna, come per gli scudetti di Moggi.

Ma la sua memoria non interessa ai cattivisti. Meglio inginocchiarsi a un regime, se l'italiano è morto disarmato.

Quattro persone, quattro modi legittimi di portare, se non la bandiera, il passaporto in tasca.

Uno per fare la guerra conto terzi. Uno per rappresentare lo Stato e difenderne un contropotere: la stampa. Uno generoso e coraggioso, fatto passare per incosciente, trasformato in imbuto delle contumelie cattiviste da chi veniva pagato per depistare. Uno per portare in giro una certa idea di Italia, giovane, curiosa, indisponibile al declino.

Una parte d'Italia pianse Quattrocchi perché lo sentiva affine a un certo genere di tricolore, quello cui pensava di essere fedele anche il colonnello che vendette mio padre alle SS. O di chi mette la bandiera al balcone perché ha un vicino di casa del Maghreb. E poi la sera va a scegliersi una nigeriana da sfruttare in contanti.

Giudico loro, non lui. Che sembrano usciti da *Quelli che benpensano*.

La stessa Italia, oggi prevalente, secondo cui gli altri tre, specie gli ultimi due, ché Calipari a quelle latitudini è al massimo uno sbirro che sbaglia, che fa scudo col suo corpo a una pleonastica********* giornalaia********** comunista, rappresentano appunto il buonismo.

Invece, per ragioni e parabole diverse, mi piace pensare che Nicola, Giulio, Enzo portassero confusamente nel cuore un patriottismo fattuale per cui "sfortunata la terra che ha bisogno di eroi, ma se proprio deve succedere siamo qua".

Per cui, anche, "*it's my country, right or wrong*" rappresenta una pericolosa stronzata.

Qualche stagione orsono, la mia squadra del cuore uscì senza conseguenza alcuna da un presunto illecito sportivo. Ma le partite se le vendevano eccome. E mi provocano anco ra più ribrezzo proprio perché erano dei "miei". Qualcuno ha fatto pure carriera, e ogni volta che lo vedo in grisaglia mi incazzo come una bestia.

A suo modo è un esempio.

E la curva lo osanna ancora.

Le curve, ecco. Siamo tornati lì.

Dove per uno scudetto sul petto, e non sulla manica di un bomber, saremmo disposti a derogare a qualunque regola morale.

Ecco, io no. Ma forse è solo perché l'unico scudetto che mai porterò nella mia vita era quello sul bomber comprato quel giorno in Piazzola.

Legenda per Toninelli

[*] Per forza di cose.

[**] Protagonista del romanzo *Il piacere*, di Gabriele D'Annunzio[***].

[***] Scrittore piuttosto noto. Cercalo su Wikipedia.

[****] Avevo a che fare.

[*****] In modalità casuale (ma non cercarlo sul dizionario, è latino maccheronico[******]).

[******] Abborracciato[*******].

[*******] Inventato.

[********] Cotto e stampato.

[*********] Inutile.

[**********] Sinonimo di giornalista, dalla maldestra accezione diffamatoria: quello del giornalaio è un mestiere degnissimo.

Perché col cazzo che bisogna vergognarsi di aver studiato

Lo stanzone all'ultimo piano di un palazzo della prima periferia ridefiniva il concetto di bruttezza. Cinque piani grigio Marzullo, l'esterno piastrellato con maioliche da interno, tipo quei brutti condomini milanesi anni settanta. Bianche in origine, poi ingrigite dallo smog. Sotto il portico, linoleum da magazzino, a bolle, rotto in più punti, e un piccolo supermercato che sembrava nato per il taccheggio. Nell'ascensore, incisi con oggetti appuntiti, alcuni brevi tomi di ginecologia e urologia. Un pastiche* così terribile che quando arrivavano in città le delegazioni del Pci bulgaro si rinfrancavano: c'era chi stava peggio.

In quei tristi appartamenti riattati a ufficio aveva albergato per qualche sfortunato anno il Bologna Fc: il presidente finì in galera e per la prima volta nella nostra storia retrocedemmo in serie B. Ora eravamo lì, a preparare il panino. Nel senso di giornale racchiuso in un altro. Era l'ennesima giravolta aziendale dell'*Unità*, una delle tante convulsioni prima di uno degli altrettanti fallimenti, che serviva principalmente a scaricare un congruo numero di cronisti in quella che adesso si chiamerebbe *bad company*. Un gommone verso il nulla. Un progetto faraonico e folle: l'inserto quotidiano, tabloid***, anzi, decine di inserti, da Milano a Roma, passando per Emilia, Romagna e Toscana, del giornalone con i piedi d'argilla.

Più che il *Corriere*, avremmo partorito, con un lavoro indefesso, dignitoso, coraggioso, il topolino. Anzi: *Topolino*. Che sicuramente era più credibile di quel che mandavamo in stampa, sette edizioni per la sola Emilia-Romagna, composte da un manipolo di cronisti sempre più stanchi e fiaccati dall'insuccesso. Con esiti a loro modo memorabili. Una volta sostituimmo la foto di un insaccato con quella di Romano Prodi, che partecipava a una fiera del prezioso alimento. E sotto il suo faccione uscì scritto: "Il salame di Felino". Un'altra morì un ragazzo albanese che era stato adottato dall'allenatore del Bologna, Ulivieri, il quale mi dichiarò: "Mi ha arricchito". Me ne andai, e il caporedattore, a un'ora pericolosamente tarda della sera, decise che potesse essere scambiato per qualcosa di poco commendevole, dunque decise di modificarlo in: "Mi ha reso più ricco". Ma fece confusione. Uscimmo col titolo cubitale: "Grazie Elvis, mi hai reso più ricchio".

Il giorno dopo tornai al lavoro col fiero proposito di uccidere chi aveva devastato la pagina e il mio lavoro. Mi guardò serafico: "Fortuna che non l'aveva reso più riccone".

È uno dei disastri a cui sono più affezionato. Fu un'avventura tragica e grandissima, che affrontammo con l'allegria di un piccolo popolo mandato al massacro dall'incapacità altrui. Gente che vuole gestire un Paese e non ha saputo tener vivo un giornale: si sono persino impegnati l'archivio. Deve avercelo Soru da qualche parte, in Sardegna, sotto i miei reclami di quando ero cliente Tiscali. Per consultarlo tocca cercare nel deep web, insieme a gente che inneggia alla guerra santa. O che apprezza gli editoriali di Fusaro. Non è escluso che siano gli stessi.

Poco tempo dopo, un paio d'anni o giù di lì, il *Titanic* – come direbbe la sottosegretaria Castelli – precipitò. Decidemmo allora di celebrare il tonfo con una festa, in una villa affittata per l'occasione sui Colli. Divertente, allegra, anche perché non c'era ancora Cesare Cremonini a rompere i maroni con la sua Vespa Special.

Il giorno dopo, ne mancava uno all'abbassamento della serranda, *il Resto del Carlino* diretto da Littorio Feltri raccontò per filo e per segno la serata, irridendo i comunisti danzerecci sul transatlantico che affondava, con un pezzo firmato "Anonimo sinistrorso". Ero certo l'avesse scritto un tipetto, un cronista di nera, un collega poco raccomandabile che mi si diceva essere molto amico dei servizi, intesi come altro dal posto in cui confidiamo i nostri bisogni alla tazza del water. Nell'ultimo numero di *Mattina*, così si chiamava il panino, ne celebrai dunque la caduta sulla neve, con tanto di braccio scassato, mentre scendeva proprio da quel party: "Dio c'è, e legge il *Carlino*".

Mi telefonò inferocito il giorno successivo, urlando che non era stato lui. Che quel pezzo sarcastico e piuttosto incivile veniva da uno dei nostri. Lo mandai a stendere, sperando si rompesse l'altro braccio. Ma aveva ragione. Lo capii quando, mesi dopo, un mio collega, uno che scrive benissimo ma, oltre a essere totalmente incapace di organizzarsi, aveva l'intensità etica di un bordello di Lipsia, o di un raduno di Pontida, mi chiamò perché andassi a lavorare con lui: "Facciamo come a *Mattina*: vieni a farmi da vice, ma poi fai tutto tu". Il giornale era *Libero*. Il direttore, Feltri. Che gli aveva restituito il favore.

Furono anni eroici, con direttori di rara ignavia, gente che tagliava teste nell'ombra dopo aver promesso magnifiche sorti e progressive, nei quali imparai per la prima volta quanto fossero totalmente inutili i sindacati. Ero nel comitato di redazione, scelto forse perché si sperava potessi portare un fiotto di energia giovanile in più. Ci prendevano per il culo convocandoci a Roma e lasciandoci frollare in trattative fiume, notturne, nelle viscere del palazzo di via dei Due Macelli, durante le quali mi addormentavo quasi sempre per primo, finché non arrivarono a fare ciò che avevano in mente dall'inizio: sbaraccare tutto, tutti a casa.

Ma quella mattina eravamo lì, nella nostra Sofia vicino alla stazione, ad ammirare il nuovo sistema operativo. Ero l'unico in tutta la redazione ad aver già usato il mouse. L'avevo frequentato a *Cuore*, il settimanale satirico da cui mi ero appena licenziato, armeggiando con uno dei primi Mac a pile. Di fianco a me c'era l'amico Walter, 170 centimetri di Romagna in un unico concentrato piacione, un vitellino felliniano, uno che teorizzava e metteva in pratica la regola del 10: sorridi a dieci donne, tre le porti a prendere un caffè, una te la trombi. L'incredibile è che nel suo caso erano cifre per difetto.

Walter impattava per la prima volta il piccolo arnese, il mouse, appunto, senza coglierne le specificità. Lo prendeva in mano, lo sollevava all'altezza del petto, e lo puntava verso lo schermo come se fosse stato un telecomando del televisore. Clic, clic, clic. Si spazientiva perché l'immagine restava sempre la stessa. Lo osservavo come la mucca guarda passare il treno.

Il tecnico, un ragazzo scheletrico che sembrava disegnato da Andrea Pazienza, glielo sfilò, lo poggiò sul tappetino, e cominciò a raccontare le nuove meraviglie della tecnologia. "Ecco, vedete, così si accede alle agenzie... Cliccate sul titolo e aprite la notizia: 'Ansa: Professore si prostituisce come trans e viene ucciso a coltellate'."

Era il mio insegnante di filosofia alle superiori.

Lo seppi così. L'avevano rinvenuto in calze a rete sul pavimento di casa, la cantina di un vecchio palazzo fatiscente che adesso è la sede del Dams, nel quale anche noi studenti ci eravamo assiepati più volte. Il suo assassino non l'hanno mai trovato. Chissà quanto l'hanno cercato, peraltro. La morte dei perdenti, specie se contrari alla pubblica morale, interessa sempre poco. Era buffo, entusiasta, non saprei dire se competente. Con la filosofia ho sempre avuto il rapporto che ha il *Tg2* con la notizia: la frequentavo poco.

Possedeva una piccola valigetta/computer di quelle d'alluminio con la quale ci aiutava a comporre il giornalino di classe. Era gay. Non ci provò mai con nessuno di noi, mai tentò di applicare il vetusto cliché dell'omosessuale stabilmente promiscuo, né del pigmalione che corica chi vuole elevare, usando il proprio soppalco come tappa intermedia verso l'empireo.

Veniva dal Sessantotto[****] e ci aveva affidato una sorta di autogestione per mettere alla prova la nostra crescita personale. Contava sul nostro senso di responsabilità anche per concordare le interrogazioni. Ce n'eravamo subito approfittati, ovviamente. Io per primo. No, forse per secondo, ché nella mia classe, istituto magistrale, tutti lì per sperimentare in modo empirico la regola del 10, il più pulito era uno spacciatore seriale. A tariffe peraltro altissime. Purtroppo.

Danilo, così si chiamava, si accorse che lo trattavamo come un gonzo. Che avevamo dirottato la sua buonafede. Tentò una goffa svolta autoritaria. Litigammo il giorno in cui avevo davvero avuto un impedimento ma volle interrogarmi ugualmente. Volarono dei vaffanculo. Rischiai la mancata ammissione alla maturità. Arrivai con un giudizio che non rendeva plausibile il tema d'italiano, perfetto, che scrissi a proposito di violenza negli stadi. Si potrebbe ripubblicare uguale ora, non è cambiato un cazzo.

Il commissario esterno, un tizio coi baffetti, biondi, toscano, l'avrei ritrovato accompagnando mio fratello su un treno Bologna-Prato, e avrei voluto menarlo col martelletto per rompere i vetri in caso di emergenza, si convinse che avessi copiato, che mi fossi portato degli appunti, invece mi ricordavo per filo e per segno un pezzo dell'*Espresso* che avevo letto il giorno prima. Presi 37/60. Trentasette. Come gli anni di Cristo contati da un tifoso della Juve.

Trentasette non è un voto. È il sarcasmo fatto cifra. È una scena di *Arancia meccanica*, con un sottilissimo strato di gommapiuma applicato alla mazza da baseball.

Certo, a volerlo proprio nobilitare, quel numerino oltre la soglia minima poteva anche rappresentare l'infingimento del dubbio. Una sorta di "pensiamo tu sia un totale coglione, ma hai visto mai che la vita non si incarichi di smentirci".

Temo invece che avessero una qualche ragione, perché il mio cursus honorum[******] non sarebbe andato troppo oltre. Un anno integrativo a indirizzo giurisprudenziale, e una manciata di esami a Storia contemporanea. Non riuscivo a darmi una seppur vaga architettura comportamentale. Non capivo come e quando presentarmi agli appelli. Non avevo idea di come scrivere un piano di studi. Mi sembrava tutto troppo grande e incomprensibile per il figlio di un'operaia e di un contadino.

Ero come Luigi Di Maio, senza neanche la possibilità di imboscarmi qualche Caffè Borghetti per arrotondare.

Ricordo il professor D'Attorre, che poi sarebbe diventato sindaco di Ravenna, che mi inaugura il libretto con un

"Facciamo 30 anche se sarebbe 28". Ricordo di aver dato Filosofia della scienza come uno di quei sogni in cui ti svegli tutto sudato. Non ho idea di cosa trattasse. Ricordo l'esame di Letteratura affrontato senza mai aver frequentato il seminario, e lo sguardo attonito del professore mentre gli spiegavo che Ungaretti aveva scritto *Allegria di nàufragi*, con l'accento sbagliato, anziché di naufragi. Ricordo quanta figa ci fosse e quanto poco coraggio avessi nell'abbordarla. Ricordo la mansarda vagamente baudelairiana[*********] che avevo affittato in via Centotrecento, ufficialmente per preparare l'esame da giornalista professionista e al contempo recuperare un minimo di cammino verso la laurea. Invece ci facevo all'amore. Qualche volta non da solo. E ricordo, soprattutto, i libri studiati in preda al terrore, le fotocopie a nastro, l'evidenziatore che evidenziava tutto come in una giostra fluorescente del tutto inutile. Finché il mestiere di scrivere non mi catapultò altrove.

Ora che tutto sommato ho trovato una strada, e pure discretamente illuminata. Che fare il cretino conto terzi o per me medesimo coincide con una discreta remunerazione. Ora che potrei persino bullarmi del fatto che l'università della vita talvolta rende più di quella vera...

Mi dispiace. Cazzo se mi dispiace.

Non solo perché avevo scelto il corso più vicino a me, alle mie passioni, totalmente inutile dal punto di vista professionale eppure così funzionale a sapere, per citare Guzzanti, quando stavamo andando, quando stavamo facendo. Mi dispiace, per citare invece Brunello Robertetti, quindi ancora Guzzanti, essere un intellettuale col solo rimpianto di non aver studiato. Mi dispiace non avere radici sufficientemente profonde per applicare il dileggio sorridente incrociandolo con qualche nozione in più, per far ticchettare i miei flaccidi neuroni a tempo con storie che non conosco. Mi dispiace dover fare rete più col presente che col passato, essere informato e non erudito, e soprattutto mi dispiace non poter rispondere come vorrei quando mi danno del radical chic: sì, e allora?

Facciamo un'analisi del termine. Radical come radical, che non significa quella meritoria congrega di digiunatori da cui tanto abbiamo ricevuto in termini di diritti civili e tanto abbiamo dato in quanto a pazienza per le giravolte politiche, denari a Radio Radicale, che peraltro raddoppierei, rigonfiamento scrotale a ogni discorso di Pannella.

Vuol dire, invece, qualcosa di simile a "progressista".

Chic invece non ha a che fare con la qualifica che il noto gruppo musicale attribuiva ai freak (di cosa siano i freak parlerò nel mio prossimo libro, quello sugli ospiti da talk show chiamati solo per spaventare i bambini, da Antonio Maria Rinaldi a Mauro Corona), né col vestiario indossato, che nel mio caso è leggermente meno elegante di un cassonetto dell'immondizia.

Chic significa più o meno "borghese".

Dunque "radical chic" significa "progressista borghese". Cioè un tizio che, pur avendo la fortuna di appartenere a una categoria in via di estinzione, quella di chi vive del suo senza dover ricorrere a manovre fraudolente, preferisce un modello sociale di capitalismo temperato, laddove i cosiddetti proletari non vengano considerati carne da cannone e possano aspirare a cambiare classe (oddio: le classi! Marx! Sembro il fratello meno tonto di Fassina), giocandosela in una competizione leale.

Questa visione del mondo non è però tollerabile per i *radical shit*. Laddove potremmo maccheronicamente tradurre "*radical*" con "radicale" e "*shit*" con "Donald Trump".

I radical chic svolgono una funzione sociale molto importante sia nella nostra società che oltreconfine. Altrove, rappresentano quella che un tempo si sarebbe definita "borghesia illuminata". Costituiscono la classe dirigente, non solo digerente. Si curano che i guanti bianchi per eventuali ladrocini siano freschi di bucato e badano bene a non proporre le brioche a chi non ha pane. Da qualche parte ci si crede di più, tipo da Copenaghen in su. Da qualche parte ci si crede meno, ma siccome c'è stata la Rivoluzione passa tutto in cavalleria: da Vichy alla mezza dittatura di De Gaulle, alle canzoni di Carla Bruni. Così come i tailleur della Merkel, le gag di Schulz ai tempi di Berlusconi, i film di Wim Wenders mettono in secondo piano il fatto che tra il dire e il fare c'è di mezzo Auschwitz.

In questo, i francesi ci somigliano abbastanza. Pétain è un passato remoto, una specie di meteorismo della democrazia. E poi hanno pure il fascio littorio nello stemma della repubblica. I tedeschi invece no. In genere (poi qualche testa rasata con la riga in mezzo c'è, e cresce) sanno di averla fatta grossissima. Dividono il bene dal male, un po' come fanno, al centesimo, coi conti del ristorante.

Noi no. Noi siamo rimasti innocenti, intangibili, anche quando mettevamo in fila gli etiopi per fare il tiro a segno. Anche quando mettevamo gli ebrei sui treni piombati, dopo averli denunciati ai tedeschi. Anche quando, oggi, abbiamo votato compatti per chi ci diceva, dritto per dritto, che la sua strategia sulla migrazione è non soccorrerli, i negri, così muoiono e non ne partiranno altri. Uno che negava i permessi di studio agli africani. Disgiungeva i profughi ricongiunti.

Che li additava e li addita sui social e li prende per il culo quando si ritrovano le svastiche sotto casa. Che se muoiono a decine nel pulmino di un caporale, be', cazzi loro. E Saviano non rompa i coglioni, ché sennò gli si toglie la scorta.

Per anni si è parlato a buon titolo del complesso di superiorità della Sinistra, cui una parte del Paese ha giustamente, anche, reagito con insofferenza. L'ho provato sulla mia pelle quando ho cominciato a incrociare le lame coi grillini, quando una manica di beoti ignoranti dava lezioni di moralità e onestà per discendenza divina, pure a me. Ma c'era un dato: si sentivano superiori e non lo erano. Erano e sono una manica di esaltati che aveva smesso dieci secondi prima di votare i peggio ladri. Gorgoglio intestinale fatto voto. Prà. E sticazzi se sono diventati costolette della Sinistra, che spera di trattarli come patate arrosto.

Ma voglio dire: come fai a non sentirti meglio di Salvini? Come fai a non sentirti meglio di Belpietro? Come fai a non sentirti meglio di Mario Giordano? Della Meloni, di Capezzone... (inserire cattivista a caso). Come fai a non sentirti meglio, molto meglio, di quattro fascisti arroganti che ostentano lo stesso patetico coraggio da operetta del Ventennio? Come fai a non sentirti meglio di 'sti cinici del menga, quelli che sembrano sempre usciti dal remake più lercio della *Grande bellezza*, come fai a non sentirti superiore alla frangia di popolo elettore che elegge e manda in parlamento il più grezzo, il più ignorante, il più razzista? Come fai a non metterti le medaglie sul petto ogni volta che un presunto moderato, faccio un esempio di scuola – materna –, se la prende con gli ebrei in toto o un Gad Lerner alla volta?

Certo: anch'io vorrei andare a Capalbio e urlare "la Finanza!", solo per vedere l'effetto che fa. Anch'io non sopporto il conformismo di sinistra. Anch'io odio il politicamente corretto. Anch'io mi sento a disagio sulla *Terrazza* di Scola, anche se oggi quella terrazza è il roof garden della redazione del *Fatto Quotidiano.* O il sotterraneo in cui Travaglio li obbliga al karaoke sulle canzoni di Renato Zero.

Ma posso sfottere il generone progressista perché, da famiglio (molto) più povero, ne vedo meglio i difetti. Perché tre regole tre cerco sempre di rispettarle. Perché se non riesco, e mi capita spesso, mi taccio. Perché appunto so di non esserlo, radical chic.

E mi spiace tanto.

Se lo fossi, se avessi letto qualche libro in più, se mi intendessi più di antropologia culturale e meno di differenza tra il 5-3-2 e il 4-2-3-1, direi che la nostra classe dirigente, tutta, è un disastro perché si è formata negli anni ottanta. Perché se il giovane di punta della nostra politica è Di Battista, che faceva l'animatore turistico col nome di Cuore di Panna, e quello francese è Macron, è perché Macron non ce l'ha mica avuta, Mediaset.

Direi che magari, i radical chic al potere. Anzi, come dice il noto intellettuale Carlo Mazzone: *magara!* Ché la generazione di mentecatti al potere, al sottopotere, all'opposizione, nelle aziende, viene dalla politica berlusconiana del penultimo banco di scuola media. Che per questo i due Matteo si somigliano, per questo il fatto che avessero cominciato la carriera partecipando a quiz Mediaset non è folclore: è un'aspirazione. Condurre *Tale e Quale Show* o fare il premier, a quel punto, è un obiettivo sovrapponibile. Per questo nessuno, neanche nella Sinistra davvero radicale, ha mai detto le parole che vorrei sentire almeno una volta nella vita: "Ma gli apriamo il culo economicamente da anni, all'Africa, e non vogliamo migranti economici? Noi? E i bulloni in fabbrica, peraltro, poi chi li stringe?".

Direi che è un vero peccato che nella stanza dei bottoni ci sia gente che ha studiato persino meno di me, solo che a differenza mia non se ne dispiace. Io che non direi mai "questo lo dice lei" a Padoan, anche se mi annoia solo immaginare di incontrarlo. Uno che si cambia l'accento nel nome, figurarsi. Ma in confronto alla Lezzi è una sintesi perfetta di divinità assortite, da Allah a Yahweh, passando per Roberto Baggio.

Tempo fa ebbi a discutere online proprio col professor Rinaldi, quello che somiglia a Max Tortora, oggi finalmente assiso su uno scranno di parlamentare europeo, strapagato da chi sostiene di voler eliminare, un orecchiante chiamato ai talk show per interpretare il ruolo del sovranista (ora che hanno vinto, lo trattano persino con un certo rispetto).

Insisteva nella narrazione farlocca di "Prodi che ci ha rovinato con l'euro", una fake news ormai acquisita che cozza contro la realtà: a usare l'euro come un maglio furono Berlusconi e Tremonti, che lo presero a pretesto per far esplodere il deficit e permettere al proprio bacino elettorale di raddoppiare i prezzi, abolendo i controlli voluti da chi la moneta unica l'aveva raggiunta, imponendo una tassa che poi restituì. Trovatemene un altro.

Gli significai, a Rinaldi, docente a contratto al campus di Enzo Scotti, allontanato persino dall'Università di Chieti, che il suo bersaglio era stato ordinario di Economia politica a Bologna e visiting professor a Harvard e Stanford. Dunque, non poteva nemmeno lucidargli l'auto, lui. La risposta che incassai dai suoi sostenitori fu: "Chi lo dice che Harvard è meglio di Chieti?".

Settantacinque premi Nobel a zero, lo dicono.

E tutti loro, che non sono mai stati a Capalbio, cui nessuno ha mai dato dei radical chic, che al massimo vanno a cena al centro di Boston e non ai Parioli, che probabilmente non hanno la colf filippina, la Smart elettrica, il figlio che fa il prediciottesimo insieme a un manipolo di coetanei fighetti, l'altro figlio a studiare nel collegio svizzero, ripetono in coro un caldo invito di cui dovrebbe far tesoro per primo Rinaldi, ma anche Di Maio, Toninelli, la Lezzi, Bonafede, Borghi, Bagnai, la sottosegretaria Castelli – confermata, madonna santa – insieme a tutti quelli che li votano sperando di intercettarne la vigorosa botta di culo. E soprattutto il sottoscritto:

"Studia, figlio mio. Sennò diventi come loro".

Legenda per Toninelli

[*] Collage[**].
[**] Insieme sconnesso, tipo un quadro di Picasso.
[***] Giornale piccoletto.
[****] Anno di rivolgimenti[*****] studenteschi.
[*****] Cortei, occupazioni, cose così.
[******] Curriculum[*******] scolastico.
[*******] Quello che tu hai trovato nelle patatine.
[********] Non puoi capì.

Perché col cazzo che pagare le tasse è da coglioni

Qualche anno fa sono finito sul *Washington Post*, e non perché mi fossero cascati i pantaloni nella hall del MoMA di New York.

(No, non è successo che mi cascassero i pantaloni. Ma una volta l'ho sognato. E comunque al MoMA mi avrebbero scambiato per un'installazione. Minimale. Sì, c'è un doppio senso.)

Sono finito sul *Washington Post* dopo aver creato una pagina Facebook che si chiamava "Amici dello scontrino e della ricevuta fiscale".

Avevo scelto il nome perché odorava di anni cinquanta, di bianco e nero, di tenente Sheridan, dunque di alcol scadente contrabbandato per arma di seduzione.

Mi piaceva che quell'insegna volutamente *âgée** facesse da involucro, e cercasse complici, per un'altra delle mie ossessioni: le tasse si pagano, si fa tutto ma proprio tutto per pagarle, è una questione di dignità. Un segnale di appartenenza. È uno status symbol. La carta platino per entrare a pieno titolo nella società. I bollini, dovrebbero darti, le pentole a fine anno, la flûte di champagne, ché se non le paghi sei un ladro, stai derubando quello di fianco, cui intanto indicano un extracomunitario a cazzo, soffiando sul fuoco della sua miseria, o della sua ignoranza. "Ma davvero te ne frega dell'Iva mentre quel negro di merda ti sta rubando un lavoro da lavavetri? Un bacione."

Io non ce l'ho col negro, col giallo, col beige**, non ce l'ho nemmeno con la tizia ispanica sulla metro che sembra una statua di Botero fasciata in lycra rosa e fucsia. Anzi, mi piace. Perché se ne fotte di quel che penso io. E perché così non sono quello peggio vestito del vagone. Ce l'ho col tizio, o con la tizia, che fanno scattare la cassa senza battere alcunché. L'evasione di necessità mi sembra un concetto vacuo ed estendibile a infinito. Come la tutina della tizia ispanica. Acrilico. Tossico.

Non lo batti, lo scontrino, perché svuotare la cassa è difficile, abbassare un po' il tenore di vita per colpa della congiuntura doloroso, ma soprattutto perché c'è sempre qualcuno più grande di te che andrebbe colpito per primo. E allora il Pd? E allora Soros? E allora la Fiat? E allora le Coop? Che al mercato mio padre comprò. È l'architettura dello sfascio a scaricabarile che ha due gambe su cui poggiare: se sei grillino, c'è sempre un potere forte che ti fa da alibi. Se sei leghista, torniamo ai negri di prima.

Bambini. Viziati.

Si chiama impresa, non passeggiata. Se volevi il posto sicuro ti cercavi un lavoro in banca. E non mi sanguina il cuore se hai la cassa vuota. Oppure sì. Un pochino. Poco poco. Ma non devi essere uno di quelli cui Tremonti regalò il raddoppio dei prezzi scaricando la colpa su Romanone Prodi. Appunto. Non devi essere uno di quelli che piangono miseria perché invece del Cayenne vanno in giro in Bmw. Non devi essere, soprattutto, uno di quelli che ha tenuto prezzi bassi non pagando le tasse, che ha mandato in malora chi cercava di starci dentro onestamente, tipo mia moglie.

Non devi essere uno stronzo.

Allora chiedo, qualche volta addirittura col sorriso, l'apposito foglietto che comprovi l'avvenuto acquisto. E lì di solito scatta una commedia dell'arte che al confronto Enrico Brignano è un interprete misurato, per nulla autoriferito, insensibile alle carrettelle. C'è quello che "ho la cassa rotta". Quello che "dovremmo essere già chiusi, l'ho servita per farle un favore" e c'è il mio preferito, o la mia preferita. Quello o quella che ti rispondono stizziti: "Ma certo! Lo stavo facendo!". Sé, lallero.

E quando esci dal negozio, dal bar, dal ristorante – il preconto! Ma quale fragorosa presa per i fondelli è il pre-conto, che somiglia in tutto e per tutto a una vera ricevuta e invece là in basso c'è scritto "Chiedere la ricevuta alla cassa": sta' anche a vedere che se non me la fai è colpa mia – senti l'odio che ti accompagna alla porta, quello di chi, per un attimo almeno, avrà provato il disagio di sentirsi chiedere il fio di ciò che mi sottrae. Come quella volta in cui (l'ho fatto davvero) mi palesai davanti a un tizio, un fioraio, uno che aveva il negozio proprio di fronte a un ospedale di Bologna, uno dunque che poteva comprarmisi e usarmi come nano da giardino, e nella mia pizzeria/madeleine*** si stava vantando del "nero", a gran voce, con alcuni commensali.

"Buonasera, sono quello che le paga la sanità, le strade, la pensione." Incassò. Me l'ero scelto vecchio perché non mi menasse.

Il *Washington Post* mi elesse addirittura a paradigma****** di un'era glaciale che si sciolse dodici secondi dopo: il rigore montiano. Quell'innamoramento di popolo per il rispetto delle regole, i conti a posto, persino i doveri civici, che per un battito di ciglia – breve, dunque non quelle della Boschi – fece da diversione agli anni del berlusconismo. Senza neanche una mozione Grandi, col pappagallo del San Raffaele al posto di (piazzale) Loreto, e un generico disimpegno di massa verso il tizio che si era preso i migliori anni della mia vita.

A proposito, ma che canzone orrenda è?

"Non temo Berlusconi in sé, temo Berlusconi in me," diceva Gaber prima di entrare nel periodo in cui, da venerato maestro, puoi persino cantare pezzi di insopportabile qualunquismo come *Io non mi sento italiano*. E prima di ritrovarsi Berlusconi in sua moglie. Metaforicamente: c'erano ragioni anagrafiche insormontabili.

Silvio i vip se li comprava. Come gli avversari. Anzi: erano quelli che amava di più perché per trascinarli a sé, suonando il piffero, per farselo suonare poi, aveva dovuto corromperne l'ideologia (Bondi), irrorarne l'ego spaziale (Ferrara), regalare una via per boicottare il Pci ma stavolta da destra (Liguori).

Li seduceva. Li faceva credere unici. Degni della mercede[*******] di Mefistofele. Trovava loro un posto di lavoro intercambiabile: una volta alla Camera, o in camera, una volta in seconda serata su Rete 4.

Riuscì persino a far pubblicizzare i materassi Eminflex a Rita Dalla Chiesa. Che poi, certo, Giacomo Commendatore, il proprietario, quello delle doghe in legno, del comodo copripiumino, della tizia desnuda che accarezzava lubrica il giaciglio in vendita, aveva "solo" come contabile lo zio di Totò Riina. E le colpe dei contabili non ricadono, eccetera. Però ogni volta che la vedevo lanciavo oggetti contro lo schermo per la frustrazione. Avrei voluto chiamarla, scriverle a casa allegando un cesto di fiori e un biglietto gentile, mandarle un amico che la consigliasse: ma come si fa, cristosanto. Come si fa. Mica c'è nulla di male, di penalmente rilevante. Ma – lo stesso – come si fa?

Silvio acquistava le figurine dell'album Rai per ragioni di fatturato. Mike, Corrado, Pippo... appunto la Colli. Ma anche perché voleva predarne l'amore, l'affetto interessato, l'ammirazione falsa come una qualunque frase da palcoscenico. Come quando l'artista ti sussurra: "Come sono andato?", tu rispondi: "Perfetto. Ora vieni via, lascia la voglia al pubblico". Ed è appena volato un gatto morto dalla platea.

Gli piaceva raccontarsi che fosse per le sue qualità. Per il suo charme. Per la sua intelligenza. Per quel sorriso irresistibile ormai ridotto a una dentiera che suona il flamenco da sola.

Non so se pagasse anche loro mettendo i soldi dentro i cd. Ma ho scolpita nel cervelletto la sera in cui Raimondo Vianello fece coming out[********] in diretta, con Antonella Elia a fianco nella parte della nonna di Flavia Vento e della zia di Giulia De Lellis.

Il programma si chiamava *Pressing*. Colori accesi, spalline prominenti, la rappresentazione plastica degli Ottanta infiniti che già scoloravano nei Novanta. Da cui non siamo mai più usciti.

Lui, l'uomo che mi aveva istruito al sarcasmo, quello che prendeva per il culo Strehler in prima serata quando nessuno sapeva manco chi fosse, Strehler, la satira sociale spiegata al popolo, quindi ai miei genitori, quindi a me bambino, nel tinello 4x4, lui, ridacchiava imbarazzato: "Stavolta conosco personalmente chi voterò".

Io non ho mai lavorato per Mediaset, e per uno che fa di primo mestiere l'autore televisivo è un po' come un macellaio che punta sulla clientela vegana.

No, non è vero: ho lavorato a uno speciale di Gianni Morandi, una sera sola, e ancora lo ringrazio di aver condiviso i racconti degli anni più bui. Quando per andare in tv chiedeva udienza persino a certo sottogoverno del Psdi.

Ma lì mi pagava Bibi Ballandi, un vecchio produttore bolognese, il braccio destro televisivo di Pier Ferdinando Casini, il creatore seriale – Bibi, non Casini – di frasi scippate alla saggezza popolare, che i suoi adepti si ripetevano cercando di perpetuarne la crudele umanità: "Volare bassi per schivare i sassi". "Fa più rumore un albero che cade, che cento che crescono." "Riunione di volpi, strage di galline."

Aspetta, no: ho anche dato una mano a un'amica del cuore per la sua presenza ad *Amici*. Ma lì pagava la De Filippi. E l'idea che staccasse personalmente l'assegno, ancorché del tutto campata in aria, era molto appagante. Se serve, lo rifaccio volentieri. Ho pure conosciuto Ermal Meta: è simpatico forte. Ha delle storie sull'Albania che renderebbero anticomunista persino Bertinotti.

Non ho (quasi) mai lavorato per Mediaset. E mi hanno anche chiamato poco. Ricordo una telefonata da *Striscia la notizia*. Era il produttore, diceva di parlare a nome di Antonio Ricci. Sentii il brivido lungo la schiena. Credo che abbia un fascicolo su ognuno di noi. Anni fa un giornalista di *Repubblica* gli significò pacatamente che aveva un po' polverizzato i coglioni nella caccia a un paio di plagiatori sul palco di

Sanremo. La sera dopo a *Striscia* c'era il video di un premio musicale, consegnato anni prima, in cui il critico sbagliava il nome di un cantante: "E questo ne saprebbe di musica?".

Qualche anno dopo mi telefonò personalmente per un pezzo su *Sette* in cui l'avevo amorevolmente citato, ma con una lieve imprecisione. Mi tenne bloccato un'ora. Ero il capo-progetto del programma di Fabio Volo del quale intanto si decidevano le sorti in una riunione tesissima: prima serata sì o no? Nel mentre io, abbarbicato alla ringhiera rossa delle scale antincendio, fuori dagli studi di via Mecenate, ascoltavo l'uomo di *Striscia* raccontarmi ispirato decisive nozioni sulla storia della tv che conoscevo a menadito. Di più: che avevo applaudito. Talvolta gliele anticipavo pur di portare la conversazione a termine e tornare al summit decisivo. Invano.

La prima serata di Volo non si fece mai.

Non ho (quasi) mai lavorato per Mediaset perché – raccontavo, quando costretto a "discolparmi" – la mia attività radiofonica ne avrebbe risentito: quando comandava, ne intarsiavo ogni giorno una gogna satirica. Mi avrebbe danneggiato. Ma lo dicevo solo per scusarmi di apparire un fesso autolesionista (pagano benissimo, appunto) e vestire di razionalità una repulsione emotiva. In realtà pensavo che se davvero era mafioso, o lo era stato, o come si appuntò Borsellino era addirittura lui a pagare la mafia (Andreotti baciò Riina, lui magari se ne limonava la nipote, chi può dirlo) mi avrebbe fatto impressione essere sulla stessa nota spese.

Ecco, mi sa che mi sono fottuto il prossimo libro con Einaudi.

Non ho quasi mai lavorato per lui, dicevo, anche se non sto a menarla a chi l'ha fatto, perché ogni volta mi suonava nelle orecchie il monito di un mio congiunto – "Quello è un venditore, non mi fido" – che per una vita aveva venduto auto usate. Una sera, al telefono posizionato nell'ingresso della casa di mia madre, di fronte a uno specchio Luigi Qualcosa e a una tappezzeria a basso costo dalle sfumature verdastre, lo sentii dire: "Scarica il contachilometri. Gli tiriamo un'inculata che fa le scintille".

Ecco: Berlusconi era troppo anche per lui. Per una qualche nemesi inconscia, forse. O forse non gli piaceva la concorrenza, l'agire troppo plateale. Il gusto della telecamera che avrebbe contagiato quelli dopo di lui (dopo Silvio, non dopo il mio congiunto).

Noi ridiamo, di Renzi e Salvini che hanno cominciato giocando negli studi di Mediaset. Ci fa impazzire l'ex presidente della Commissione bilancio, grillino, che fu trombato a *X Factor* e si è districato fra tagli lineari e punti di Pil. Invece è un'affermazione di principio sulla società dell'avanspettacolo, dell'abito mentale che l'era montiana interruppe per un attimo e che i grillini hanno democratizzato e manlevato da ogni minima responsabilità in proprio, c'è l'idea per cui tornaconto personale e popolarità sono l'unica bussola socialmente accettabile. La ricordiamo tutti, quella frase pronunciata prima delle elezioni 2001: "Non penso ci sia nessuno così coglione da votare contro il proprio interesse". Gli interessi (di tutti) cedevano a quelli di uno solo, con un colpo di genio magistrale: l'elettore pensava fosse il proprio, invece era il suo. Del Cavallaro.

Non è un caso se Monti cadde quando venne ghermito alla giugulare dalla stessa malattia: un partito col nome nell'insegna. Nello spettacolo si dice che le generalità nel titolo, Costanzo a parte, l'altra persona che mi terrorizza al solo nominarlo, portino sfiga. Fu il segnale. Avanti il prossimo. E il cagnetto, al canile.

Certo, si potrebbe pure essere montiani anche dopo Monti. Davvero vi importa che Maradona tirasse coca? Non come punto a favore, intendo. E davvero vi cale (vi cale, vi cale, vi cale) se a un certo punto sopra il loden non c'era più la forfora ma direttamente paillettes? Messo di fianco al barocco foggiano di Conte, non vi pare una mirabile sintesi tra Catilina e Jimmy Fallon?

Io in realtà mi sento padoaschioppiano. Nel senso di Tommaso, ministro di quel secondo Governo Prodi ucciso da uno, Turigliatto, che poi è andato a vivere in Australia. Porca di quella troia. Intanto perché è morto, Padoa-Schioppa, proprio come la Sinistra. Dunque, per traslato, come me. E poi perché sulla sua tomba andrebbe scolpita la frase per cui fu irriso dall'universo mondo: "Pagare le tasse è bellissimo".

I miei genitori, per pagarmi l'università che non finii, si sacrificarono nella cantina di un'agenzia che distribuiva giornali, spennellando colla sui cartoni pubblicitari che sarebbero stati esposti di fianco alle edicole. Un lavoro faticoso, specie per due persone già in età: bancali da spostare, pile di locandine da sistemare, inalazioni insalubri. Tornavano a casa distrutti, anche se non si lamentavano mai. Mia madre volò giù da una scala, un certo pomeriggio. Si ruppe alcune costole. Ma non poté denunciarlo perché era, appunto, in nero.

Pagare le tasse è bellissimo.

E i coglioni siete voi che non ci provate nemmeno.

Legenda per Toninelli

* Vecchio stile.

** Marrone chiaro.

*** Riferimento a Proust****.

**** No, non Alain. Quello era il pilota di Formula 1. Questo è Marcel, lo scrittore*****.

***** Come "cos'è uno scrittore"???

****** Esempio.

******* Autovettur tedesc.

******** Quella roba che chiami outing, sbagliando.

Perché col cazzo che l'Europa è una prigione

"Il problema è che la gente vuole i privilegi come fossero diritti, e tratta i diritti come fossero privilegi: cioè li vuole solo per sé."

La sintesi suprema è di uno dei più grandi pensatori del nuovo millennio: mio figlio*.

Me l'ha rivelata, tirandomi una specie di colpo d'incontro, mentre gli ballavo il flamenco sui giovani coglioni raccontandogli di Adriano Olivetti, di un capitalismo possibile, del miracolo di Ivrea, di una Svezia delocalizzata fatta di asili per i dipendenti, teatri, biblioteche, e di come quell'eredità se la fosse poi attribuita Gianroberto Casaleggio. Che è come se Pinochet** si fosse intestato la successione del Mahatma Gandhi.

Lui, il pargolo, sedici anni ben portati, capello rosso manga che scende inestricabile lungo la schiena, attiene a una categoria insondabile che sulle colonne di destra dei portali si è soliti definire "millennial". O "nativi digitali". Il mio maestro li eternò con l'etichetta di "sdraiati". A me paiono più i "curvi", perché si specchiano continuamente nello schermo del telefono, come ognuno di noi, del resto. Ma sono tutte rappresentazioni a loro modo insufficienti, poiché legate alla cronaca e non alla Storia. O, peggio, alla lettura intellettuale del tempo. Che invece è una specie di corpo fisico. Questa generazione, per come la vedo io, è semplicemente fluida. Talvolta liquida, perciò a rischio di finire deglutita e definita dal contenitore. Talvolta solidissima, quasi ottusa, come tutte le gioventù precedenti.

Quasi mai, anche se ci sembra tale, gassosa.

Mio figlio è un piccolo miracolo di inadeguatezza e coraggio, un giovane uomo compresso nella sua tarda adolescenza, il cosplay*** di se stesso, una nebulosa fatta di paure e slanci in cui si assommano tutti gli entusiasmi e tutti i timori del tempo che lo circonda e di quello che vive, personalmente e come parte di un magma confuso che si muove, ustiona, cambia e si cambia. Un animale primordiale che avanza indossando un esoscheletro in grado di proteggerlo o ferirlo. Ma che intanto lo accompagna, inesorabile. Può essere piuma o può essere ferro. Può essere veleno o rosolio. Può essere lo Yin e Paul Young. Ma è parte di lui e lui ne è parte: la rete.

Hanno, loro, non tutti ma in molti, a proposito di generalizzazioni impossibili, un possesso dei social molto più profondo e leggero del nostro. Sono, o sembrano, lievi come noi non sappiamo più essere, come IO non riesco più a essere. Io che un tempo rispondevo ai cretini con pazienza, argomentavo persino coi bot, coi troll, e ora spesso me la cavo con un hashtag – #silenziauncoglione – e via. Lui, loro, molti di loro, usano il web come se ne fossero ancora agli albori, in una compenetrazione quasi virtuosa, certo naturale, tra l'età che vivono e quella che aveva internet quando somigliava a una terra promessa. E mai mantenuta. Una nebulosa di informazioni, un modo per socializzare, davvero, e scambiarsi più esperienze che insulti. Non per regalare i cazzi propri a Zuckerberg.

Una ragnatela, non una gabbia. Un mezzo di locomozione neuronale, ancora. Naturale. Sia perché non l'hanno cercato, sia perché foriero di possibili sinistri. Spettacolari. Tipo finire su Ask come vittima, e morirne di vergogna. Ma, comunque, uno strumento. Come per noi, per me, può esserlo il frigorifero, la macchina, il televisore. Utili, migliorativi. Ce li hai per forza. Poi, sei tu che decidi se aprire il portello e strafogarti di cibo, se usare l'auto come Holer Togni a rischio di spalmarti contro un pilone, se accendere la tv per trarne angoscia e disperazione. Per esempio, guardando una partita del Bologna Fc 1909.

Vista da fuori, con la totale incompetenza a rischio dabbenaggine che ti conferisce il ruolo di genitore, quella in cui si muovono sembra la prateria verso un cortocircuito temporale che riporta la rete indietro di vent'anni. Quando pareva l'evoluzione a colori delle Bbs, i primi forum, l'embrione dei network prima dei social, laddove scoprivi altri maniaci come te di temi che credevi anacronistici: i Queen, il feticismo dei piedi, la fisica quantistica, l'origami subacqueo. Quando a entrare in relazione erano, in un qualche e confuso modo, le intelligenze. Ci si atteneva alla netiquette, l'administrator era una specie di Mattarella incrociato con papa Francesco. L'ignorante, l'imbecille, il cretino, il goffo, l'ex sovietico, Steve Bannon non avevano ancora capito che Facebook, Twitter, Instagram, potevano, anzi dovevano, formare una specie di internazionale degli imbecilli, in una desolante parodia della lotta di classe in cui i proletari si uniscono motu altrui[****] non già per progredire, ma perché rimangano nella loro condizione di subalternità, ne divengano fieri, trasformandosi nella platea di un colpo di Stato, anzi di Stati, al servizio di qualche oligarca sparso per il mondo.

Lo so, sembra nostalgismo inutile. E per sovrammercato non ha neanche il fascino dei calzoni corti, dei pomeriggi in cortile, delle mille liste che circolano proprio sui social per cui noi ragazzi dei Settanta eravamo così fighi e così sprezzanti dei pericoli, ci gettavamo nel mondo senza casco e senza Gps, sfidavamo il terreno a colpi di ginocchiate vincenti, giravamo sul portapacchi di un Morini 50 pronti a volatilizzarci in presenza del vigile urbano di turno. Noi (io) per cui il futuro era girare la rotella del Phonola a due canali (Vhf, Uhf) e, muovendola come una cassaforte in *Ocean's Eleven*, recuperarne le frequenze di TeleCapodistria, della Svizzera italiana, di quei mondi lontani in cui il basket si chiamava košarka o i migranti italiani raccontavano il loro *Pane e cioccolata* una volta alla settimana, in un apposito recinto televisivo. *Un'ora per voi* si chiamava. Aveva l'allegria di una televendita moldava. O di una bacheca della questura, quella con gli identikit dei ricercati.

Eppure se l'era inventato Corrado.

La mia nostalgia ha un senso profondo del presente, con lo sguardo dritto e aperto nel futuro. È, in fondo, una speranza sull'evoluzione della specie che in questi giorni irrorati di ansia vera, profonda, cogente, i giorni in cui la mia generazione utilizza i social network principalmente per suonare *Romagna mia* con le ascelle, scosta la porta chiusa, incrina il muro di conformismo dell'anticonformismo, lascia filtrare una piccola luce.

Lo spiraglio, il mio spiraglio, è proprio lui. Lui che ha paura dei banchi, dei professori, del materializzarsi di un giudizio incarnato, diverso da un cuore su Instagram, dove si abbevera ogni giorno di cazzate e sapere, dove un meme che a me risulta irricevibile ne delimita il senso di sberleffo dell'attuale, dove il contenuto a pioggia si arresta prima o poi in una caditoia e produce un flusso di coscienza che la forma, una coscienza.

Ho ben presente lo sguardo che indossi, amico lettore dotato di progenie, quando tuo figlio si isola davanti allo schermo e si rifugia nell'ennesimo "spara-spara", schiacciando tasti con combinazioni che non ritenevi possibili se non a un orango acrobata. Conosco quello sguardo perché è stato il mio. È lo sguardo di chi dimentica cosa avrebbe fatto se solo, invece di *Pong*[*****], avesse potuto giocare a *Fifa 2020* già da ragazzo. E quali scuse avrebbe inventato pur di non staccarsi mai. Quali ricatti emotivi più o meno volontari avrebbe messo in pratica, perché l'adolescenza è il luogo di frontiera in cui il reale disagio si mischia con la consapevolezza emotiva. Propria, e di chi ti ha generato.

Tradotto: ci sei e ci fai, insieme.

Ora però immagina un ragazzo che abbia paura solo a uscire di casa. Immagina i suoi giorni a parlare col resto del mondo solo attraverso lo schermo, per cercare un cuscino tra sé e la propria crescita. Immagina che per farlo debba imparare una lingua straniera. E lo faccia, bene. Immagina che il giorno del suo compleanno arrivino amici non più virtuali da tutta Italia, e da tutta Europa. Uno da Prato, e pare Bob Marley mandato a sbattere contro Telespalla Bob. Uno col nome straniero, ma è di San Giovanni in Persiceto. Uno che non sa ancora se è uno, o una. Ma se la ride e se la gode. Immagina che si nascondano in cantina, e appaiano tutti insieme per fargli una sorpresa. Immagina il suo sorriso che si scioglie, si distende, si apre come un lago alpino che spunta all'ultimo tornante di un sentiero tortuoso.

Ecco.

"Il problema è che la gente vuole i privilegi come fossero diritti, e tratta i diritti come fossero privilegi: cioè li vuole solo per sé" è la frase di chi, quasi per caso, ma forse anche no, ha elaborato, senza orgoglio, perché è così e basta, quali siano i diritti a cui non vuole rinunciare. Perché gli cambiano la vita in meglio. E quei diritti, tutti, ma proprio tutti, prescindono dalle frontiere. E non importa l'orientamento politico che ancora non hai, il brodo di coltura – nel suo caso di pollo, quello dei tortellini di sua nonna – nel quale sei cresciuto. Non importa se intorno tutti ti urlano che il frigorifero, l'auto, il televisore, vanno usati meno e solo a casetta tua, ché magari c'è un cattivo qualunque che vuole privartene.

Tutto questo già ti appartiene. Ed è un anticorpo concreto, non un'ideologia acquisita come può esserla per me, che alla gita di classe in Inghilterra, alle medie, a.d. 1981, guardavo i traveler's cheque come fossero azioni della Banca d'Italia. È la percezione, fisiologica, che indietro non si torna. Non si vuole tornare. Perché la libertà è facile da comprendere e assumere come propria quando si incarna in qualcosa di concreto. Quando il tuo amico che viene da fuori non ha bisogno di passaporto, quando può prendere un volo a quattro lire e se lo lasciano a terra può farci su qualche spicciolo per salire sul prossimo. Perché l'ha imposto l'Europa.

Anche noi, prima dei Borghi, dei Bagnai, degli Antonio M. Rinaldi, dove la "M" sta verosimilmente per *maanvediquesto*, dei Giordano e dei Belpietro, di tutti gli apprendisti stregoni che giocano con la dissoluzione, non si sa se per piacere proprio o altrui, celiavamo sul mantra "Ce lo chiede l'Europa", come si fa del vecchio avo che a volte ti riduce l'apparato genitale a tartare, ma sai che in fondo lo fa per il tuo bene, che ti sfinisce con la legislazione sulla lunghezza delle zucchine, così poi la Meloni cerca di pescarle, ma in cambio ti consegna soldi che magari non sai spendere, regole quasi tutte salvifiche che non sai o non vuoi rispettare, ma soprattutto un'identità allargata, di popoli e non di popolo, dunque più forte persino del suo ruolo burocratico e immanente, dei suoi compromessi, della sua vita che un tempo ti sembrava esemplare e oggi un po' picchia in testa.

L'avo, quello di Bruxelles e Strasburgo, si è ammalato di Alzheimer. Ha perso per strada l'impeto che l'aveva spinto oltre la guerra. Come molti vecchi, è peggiorato. Si è scoperto eterodiretto. Si è fatto più tenue e più attaccabile. Cosicché quella bandiera è diventata il cencio contro cui battersi di chi ha giocato al ribasso per ghermire due vantaggi due nell'immediato. Naturalmente ai danni di qualcun altro: non puoi avere diritti? Non preoccuparti, li togliamo anche agli altri.

L'antieuropeismo ha unito gli stolti o i paraculi. I sovranisti alla carbonara, che i loro libri contro l'Europa se li vendono su Amazon. I gilet gialli che interrompono la contestazione per il Santo Natale, festeggiano Capodanno a casetta, e riappaiono con la ruspa per onorare la Befana. I bancarellari che combattono la direttiva Bolkestein, quella che rimette in moto un minimo di concorrenza, issando il bandierone tricolore sul gazebo che usano per rivendere, decuplicando i prezzi, robaccia cinese da mezzo centesimo. I Matteo Salvini che si battevano contro l'euro percependone circa 20.000 al mese, senza presentarsi mai al datore di lavoro: il Parlamento europeo. Una sorta di indennità per le figure di merda, come quella che – dai che te la ricordi – gli toccò in sorte dopo una reprimenda contro una commissione cui non si era mai presentato. "Lei è un fannullone, signor Salvini." E giù applausi dall'emiciclo. E pernacchie. A lui. E a noi, per la proprietà transitiva.

Sovranisti da ballatoio. Protettori del proprio ambito familiare, e familista, dell'ordine e legalità ma solo per gli altri, parenti stretti della mentalità mafiosa che ci soffoca. Di quel vittimismo da curva che sparge e si sostenta di balle. "L'Euro! Ci ha rovinato l'euro!", ragliano quelli che raddoppiarono i prezzi. "Prodi! Colpa di Prodi!", alzano la voce quelli che conoscono la verità. Perché anche quello monetario è solo uno strumento: le dimensioni non sono importanti, è come lo usi. Siamo l'unico Paese che ci ha marciato, nel cambio. E siamo l'unico nel quale chi ci marciò spiega agli altri, le vittime, che i coglioni sono loro. Si inventa sontuose prese per il culo tipo i Mini-Bot. E quelli coglioni lo sono davvero: perché lo applaudono, lo votano, erano pure pronti a farsi pagare i debiti con altro debito. Soldi del *Monopoli*. Anzi: meno, ché col Monopoli, se aggiungi scatola e segnalini, magari qualcosa su eBay ci ricavi.

Poi, certo, è tutto più complesso di così. Politicamente, intendo. E l'abbrivio, be': pure l'Europa in termini di immigrazione s'è messa a seguire l'agenda dettata da fuori, per dire. La Merkel aveva cominciato accogliendo siriani a raffica, quasi a rappresentare la coscienza critica dell'Occidente. Anzi: autocritica. L'autocoscienza per cui servirebbe un lettino grande come tutto l'Occidente, su cui sdraiarci e confessare: "Dottore, sogno tutte le notti di aver affamato un continente per comprarmi l'iPhone, e di prendere a calci in culo chi cerca di fuggirne perché a casa sua non mangia, o si ammala, o lo torturano, o muore. Cosa significherà mai?".

Poi pure Angelona è crollata nei sondaggi, e adesso abbiamo il ministero che deve proteggere il nostro stile di vita, a Bruxelles. Già, ma quale? Quello di Oslo o quello di Roma? Ma qui siamo già altrove. In un ambito che è il contrario di un celebre slogan delle Brigate Rosse che, pure loro, si autoproclamarono avanguardia di una rivolta di popolo che non c'era. Fino a renderla profezia autoavverante, col plauso di chi credevano di combattere. L'Europa si cambia, non si abbatte.

Sarebbe, sarà, impossibile. Ai nostri figli, specie quelli italiani, abbiamo tolto, almeno per ora, la speranza di ribaltare la globalizzazione a trazione economica che vinse la propria schifosa battaglia in una partita secca: Genova 2001. Quel giorno permettemmo che venisse loro rubato il futuro, il sogno di un movimento colorato e pacifico che venne infiltrato e hackerato[******] dai black bloc, con la complicità di chi governò e favorì la violenza, di chi determinò lo strame della speranza che d'un tratto giacque sull'asfalto di piazza Alimonda insieme a Carlo Giuliani.

Game, set, match.

I millennial, gli sdraiati, i curvi, non erano manco nati. Antonio Megalizzi, che era un po' il loro fratello maggiore, il giovane cronista morto a Strasburgo perché aveva oltrepassato frontiere che non esistono più, era nato da dieci anni. Per sapere cosa si sono persi dovranno studiare, se avranno tempo e voglia. La loro globalizzazione è altro, è come la rete: un dato di fatto che per far circolare le merci, tutte, tagliando diritti qua e là, devastando Paesi, comunità, equilibri novecenteschi, le vite che su quegli equilibri poggiavano, ha permesso almeno che circolassero anche persone e idee. La rivoluzione verrà, certo. Se non subito, forse domani. E comunque dopodomani sicuro. Ma all'oggi, i nostri figli non saprebbero rinunciare. Non lo faranno.

Poi magari il mio erede, la mia erede, o uno dei tuoi, magari quello che appare più sveglio, fuggiranno da questo torpore aggressivo. Apriranno un agriturismo a Rieti, un ryokan a Tokyo, finiranno a fare l'infermiere in un sobborgo di Manchester, se non si mette in mezzo quell'evidente etilista che ha rubato i capelli a Trump, come si chiama, Boris Johnson, sceglieranno un qualunque altrove lontano da un'odiosa dittatura del senso comune che si palesa da buonsenso. O faranno qualcosa di totalmente inaspettato e deludente. Tipo diventare nazisti, o mettersi a tifare per la Juve.

Ma intanto si sentono liberi. Forse perché lo sono. I curvi, se chiamati davvero a lottare, alzerebbero le spalle di quel tanto che basta per difendere pure me. Pure noi. Che invece i diritti li diamo per acquisiti proprio mentre ce li sfilano via, e siamo molto più virtuali di loro, perché la nostra rabbia, spesso, la confiniamo nel prossimo tweet.

Per questo credo che possano salvarci.

O almeno mi piace pensarla così.

Legenda per Toninelli

[*] È una battuta. Non penso lo sia. È anche una riflessione autoironica sulla passione che noi genitori nutriamo per chi abbiamo generato... ma cosa te la spiego a fare ché tanto non la capisci.

[**] No, non è il dittatore del Venezuela. Lo so che l'ha detto Di Maio, ma no: era cileno. No, il Cile non è in Australia.

[***] Costume di supereroe o altro personaggio di fantasia, tipo Giuseppe Conte.

[****] Latinismo *ad minchiam*: "Su iniziativa altrui".

[*****] Non è il fratello di Ping. È un vecchio videogame di tennis, il primo. Quello con le barrette... Bravo, vedi che se vuoi ci arrivi?

[******] Tipo quella roba che fa Casaleggio con Rousseau.

"Ha visto l'usciere?" "Lo sto cercando anch'io."

La faceva tutte le volte, questa battuta, mio padre. Il fatto che indossasse un camice nero, tipico appunto dell'usciere, che poi era lui, la rendeva impagabile. Anni dopo avrei saputo che si chiama *punch-line*, il punto di caduta della gag, quello che magari conosci già ma che aspetti con avidità ineluttabile. In quel momento, a ogni replica, mi pareva semplicemente un guizzo di ribellione a un destino da accessorio. Dietro la scrivania, a smistare gente nell'atrio dell'Officina Materiale Rotabile, là confinato nei primi Sessanta perché nella Polfer non poteva più stare. Come tutti i comunisti cacciati da Scelba.

Era, il babbo, una curiosa crasi tra Filini, Fantozzi, Calboni. Del protagonista, aveva l'attitudine al lavoro in levare. Non è che non facesse proprio niente, questo no, però, ecco, credo fosse l'unica persona al mondo in grado di usare il nero per mimetizzarsi. Si alzava alle 6, alle 2 del pomeriggio era a casa. Anzi: era al bar Ugo, dove giocava infinite partite di boccette nel retrobottega di un posto che sembrava disegnato da Stefano Benni. "Ci sono scarafaggi così vecchi che sulla schiena hanno il fascio littorio."

Di Filini aveva l'attaccamento all'azienda. Ogni tanto tornava a casa entusiasta perché nei grandi capannoni di via Casarini era arrivato un nuovo modello di locomotore. Portavano nomi buffi: la Tartaruga, il Caimano... Praticamente il Pd e Berlusconi. E quando arrivava a casa *Voci della Rotaia*, il mensile riservato ai ferrovieri, lo apriva per mostrare entusiasta quei ritrovati della tecnica che sentiva suoi. Mi ricordo che un giorno del 1978 la Freccia della Laguna andò a sbattere contro un treno locale, a Murazze di Vado, tra Bologna e Firenze, un percorso sul quale la morte si è sempre trovata benone. Decine di corpi in fondo a una scarpata. E al babbo dispiaceva più di tutto che la tecnologia non avesse funzionato: "Sono impianti nuovi, bastava che il treno deragliato toccasse l'altro binario e si sarebbe fermato automaticamente".

Di Calboni no, non aveva quasi niente. Niente trucchi, niente inganni, niente opulenza lasciata al portafoglio altrui. Al bar pagava sempre lui, possedeva la mia stessa generosità narcisista. Era leggero, sì. Ed era simpatico. Dopo che è morto, sulla sua tomba sono apparsi lumini anonimi. Probabile che fosse simpatico trasversalmente, diciamo.

Il giorno della bomba in stazione eravamo a casa. Era un sabato mattina, dormivo. Il botto lo sentì lui. Andammo a vedere. C'era anche mio fratello, ovviamente ferroviere. Sul ponte che scavalca i binari, mentre Bruno Vespa, poco più in là, garantiva in diretta tv che era scoppiata una caldaia, guardavamo la ferita e ci spiaceva per le carni dilaniate ma anche per la profanazione dei mattoni. Del luogo da cui eravamo partiti mille volte, invece che sulla Seicento di famiglia, verde bottiglia, ché in treno le famiglie dei ferrovieri non pagavano il biglietto e allora si andava a Crotone dall'amico conosciuto in ospedale, quando gli avevano tolto le schegge delle granate dal ginocchio. O in Sicilia, dall'amico operaio Fiat, conosciuto nelle vacanze a basso costo, nelle case-famiglia gestite dai preti, che quello stesso anno ci vendette la sua Panda 45 rossa, semestrale, impermeabilizzata col pongo. I miei amichetti del cortile la indicavano canzonandomi: "Bottura ha la macchina di plastica, Bottura ha la macchina di plastica". E pure allagata. Maledetti*.

Per un birocciaio con la quinta elementare, la Ferrovia era casa. Nel primo dopoguerra aveva significato un rotondo salto di qualità, un lavoro rispettato, la casa di 48 metri quadrati che aveva comprato a rate da 6000 lire proprio dalle FS, quando ci avevano sfrattati da quella appena più grande in cui abitavamo prima. Ho dormito insieme a loro fino ai ventitré anni. E dapprincipio non sapevo esattamente cosa fossero certi reiterati rumori notturni. Li identificai con certezza anni più tardi, quando mia madre si avvicinò a me e mio fratello dicendoci: "Dovete dirgli di darsi una calmata, ché io non gli sto più dietro con certe cose". Aveva più di ottant'anni.

Possiedo un orologio Perseo, di quelli che davano in dotazione all'unica casta di cui la mia famiglia abbia fatto parte, prima che diventasse un lavoro come gli altri. Per alcuni pure peggio, ché una qualunque minima autorità da queste parti vale una salva di pernacchie.

Quando tolsero dai cartelli della stazione la "C" di Bologna Centrale, per un periodo, ne soffrimmo tutti. Eravamo o no (da pronunciare scandito) il-più-importante-nodo-ferroviario-del-Paese? Gli americani ci avevano o no sfasciato il centro storico per bombardarla? E quando mio fratello, capotreno, mi raccontava delle sue prodezze coi portoghesi (nel senso di privi di biglietto), da Clint Eastwood con i pantaloni a zampa di elefante, quando raccontava, chissà quanto ricamando, di come li facesse scendere di corsa dal treno per vedere se andavano più veloci della polizia ferroviaria, credo di aver maturato l'ossessione legalitaria che mi anima ancora oggi. Il mio ineludibile cagacazzismo.

Forse è per quello che ravano sia Trenitalia sia Italo con uno stillicidio di tweet ogni volta che il treno è in ritardo, o non viene fatta controlleria, o la carrozza è zozza, il binario sbagliato. Cioè quasi sempre.

Forse è per quello che importuno il personale viaggiante, baristi compresi, attaccando bottone sullo stato dei treni, sui motivi del ritardo, su qualunque pretesto mi serva a manlevarli dalla benché minima responsabilità. Se il treno rallenta, colpa di Rfi che non sa gestire le linee. Se non fanno gli annunci sui motivi del ritardo, è Trenitalia che suggerisce di no, ché poi la gente sente cose tipo "per traffico ferroviario" e si chiede se davanti al Frecciarossa ci sia un vecchietto col cappello che guida una Panda. Se le normative per avere i rimborsi sono scritte in aramaico con traduzione cinese, probabilmente sarà colpa di Toninelli in persona. Pure adesso.

Questa è definitivamente la più probabile.

Figurarsi quando mi sono scoperto contro la Tav. Che poi alcuni dicono "il Tav". Marco Travaglio apre un'accademia di flamenco sui coglioni a chiunque usi l'articolo femminile.

È un treno, sostiene. Ma il treno c'è già. Quella che costruiscono, non dico "finalmente" per pura vigliaccheria, è la linea. La strada ferrata. A meno di non vederla alla francese, in quel caso sarebbe corretto *le chemin de fer*. Però sembra uno di quei covi di videolottery sulle statali, *chemin de fer*.

Quindi mi immagino che l'ottimo Marcolino insista più per tigna che per reale convincimento. Il che è strano, essendo lui normalmente tollerante e incline al cambiamento di idea, scevro da sciocche ideologie, come potei apprezzare dalla gragnuola di messaggi personali in cui, dopo che mi ero occupato del Giornale dei Giusti, quello che non riceve contributi pubblici e lo comunica sotto la testata, anche se manco gli altri ricevono contributi pubblici... messaggi personali, dicevo, in cui definiva il quotidiano con cui collaboro al momento della scrittura di questo libro – mi cacciano spesso – il giornaletto del Pd, non senza avermi accusato di paraculismo, alito pesante e secchezza delle fauci.

Ma la disputa sul nome è come Matteo Salvini se gli nascondi la password di Twitter: povera e misera cosa.

Il punto è la Tav in Italia che è sbagliata. E attenzione: la parola ostile non è Tav, è Italia. Perché se non fosse per gli appalti a cazzo, con la 'ndrangheta già pronta a intercettare la commessa, manco fosse una qualunque pizzeria di Milano. Se non fosse per le gallerie fatte costruire a chi manco lo so, ora, ma temo di scoprirlo tra vent'anni in un'inchiesta. Se non fosse perché è un'idea di Berlusconi, per quanto firmata da Prodi, e che l'appoggia molta gente indifendibile, se non fosse per mille altri motivi ambientali che mi spingono al no, direi: ma cazzo, è un treno.

Cioè, io non capisco niente, certamente mi sbaglio, tra madamine e black bloc spero in un regolamento di conti al palasport di Torino, con pubblico pagante. Ma non ricordo movimenti No Tir quando in Val di Susa quadruplicarono le gallerie autostradali. Più camion, più merda nei polmoni. È automatico. Eppure quello andava bene a molti, se non a tutti. Persino alla patetica, grottesca, ridicola, impresentabile, grandguignolesca, risibile, farsesca, mesta compagnia di giro messa insieme per la celebre pièce del rapporto costi/benefici. Che aveva messo nero su bianco il timore massimo: se cala il traffico su gomma, si pagano meno accise.

Ora: a parte che le accise le aveva abolite Salvini, ma davvero investiamo sui tumori? La quinta stella del MoVimento non era l'ambiente? O siamo in presenza della seconda stella a destra, quella svoltata la quale sarebbe meglio andare, con licenza, a fare in culo?

Che poi manco è più Tav, no? È diventato principalmente un treno ad alta capacità. Cioè servirebbe alle merci. Ma fior di studi, sempre quelli di prima, reperiti su selezione del *Readers' Digest*, dimostrano scientificamente che le merci non ci sono, non c'è la richiesta, che il corridoio è stato dismesso perché la Francia, la Slovenia, un po' tutti, hanno mollato il colpo. Mica vero, tra l'altro. Ma, se non fosse che sono fieramente No Tav, direi: ovvio che non c'è la domanda. È come non costruire una ciclabile perché tanto la gente non va in bici. Certo che non ci va: non ci sono le ciclabili. Questo direi, se non ci fossero o fossero stati Silvio, Lunardi, Chiamparino, la Christillin, i renziani, Cirio, Pomì, Gianduia, Don Ciccio e compagnia cantante.

Però poi no, forse non lo direi. Perché sostanzialmente sono un pavido, un pigro. E a me di farmi fracassare i coglioni com'è successo più volte, perché ho scritto che è un po' comodo fare i No Tav da un teatro, o dalle colonne di un giornale, dando copertura ideologica a chi sostiene che certi reati sono giusti perché si oppongono ad altri "reati", ecco, mica mi va.

Non mi va perché non mi appassiona la slabbrata e vetusta teoria dei cattivi maestri, anche se, è evidente, sul treno della contestazione, proprio come è successo in Francia coi gilet gialli, è salita gente che farebbe fatica a trovare la Val di Susa senza Google Maps. Ma ha altre e alte aspirazioni. Tra cui verosimilmente la dittatura del proletariato, la pace nel mondo, lo scudetto al Toro, un programma tv in cui Massimo Cacciari non scappi prima della fine. E questa è quella di certo meno probabile.

Non mi va minimamente di rilevare che certa retorica intellettuale che si diverte a incendiare il popolo, a trasformare cause plausibili in pastiche parenti della violenza, è proprio quella dei favolosi Seventies, la linea di confine di chi si crede rosso e invece tende al nero. Quella di Battisti, ma senza Mogol.

Non mi va di rilevare che quella retorica pelosa ha trovato una sintesi suprema nel dna mutante dei grillini: di lotta e di poltrona, pronti a salvare il culo a Salvini sulla Diciotti e giocare all'antagonismo in valle. Responsabili inconsapevoli di aver attuato l'harakiri renziano: prendere voti di sinistra, regalarli a Grillo perché li portasse alla Lega. Un disastro che pagheremo nei secoli.

E se poi adesso i vaffanculo se li prendono loro, dai No Tav, pazienza. Sarà sempre troppo poco per aver spalleggiato, senza manco capire perché, per tornaconto minimo, ignoranza, incapacità di intendere e di votare, le minacce e gli insulti a veri e propri giganti della repubblica come Gian Carlo Caselli, che aveva osato indagare certe infiltrazioni nelle legittimissime posizioni No Tav e si è ritrovato insulti e minacce sui muri di Torino.

Infame, gli hanno scritto. Lo stesso aggettivo di cui lo onoravano i mafiosi. A Caselli. Portatori incidentali della stessa cultura italofona per cui si fa famiglia solo per indicare un nemico. Mafiosa.

In attesa del prossimo Carlo Giuliani, o del prossimo Placanica. E qualcuno che vuole entrambi c'è sicuramente su tutti i fronti. Tutti abbastanza maneschi. Chissà che bello spettacolo teatrale, che bel libro ci verrebbe. Quanti bei talk show. Quante copie di *Libero*, della *Verità*, del *Giornale* in più. È un *Fatto*.

Non mi va, perché poi mi toccherebbe ricordare che la Tav l'hanno già fatta tra Bologna e Firenze, sventrando lo sventrabile, prosciugando fiumi, lasciando paesi senz'acqua, per guadagnare una fottuta manciata di minuti. Ma quando lo fai presente, chessò, ai fan di Casaleggio, beccato mentre va da Peppe a parlare contro la Tav sfrecciando a 300 all'ora in galleria, poi ti spiegano che no, quella è un'altra storia, mica è la stessa Tav, perché non vieni in Valle…

Ecco, no. Se è concesso, in Valle ci passerò soltanto. Purtroppo in auto, come sempre. Senza fermarmi o, nel caso, perché resta un bel posto, con bella gente fiera, che non merita di fare da lavagna per i paduli disegnati da altri, senza farmi spiegare quel che succede da altri che non sia la gente comune. Certo non da chi fa picnic sulla democrazia rappresentativa per deviarne il percorso a fini che con le rotaie non c'entrano una mazza. Sennò finisce che me la prendo. O, più probabilmente, qualcuno se la prende con me.

Pensavo a tutte queste cose, con pacatezza, rispetto, quasi affetto per la battaglia contro quel treno (perché è un treno, cazzo) nonostante a ogni gigantesca scritta sui muri, spesso scelti tra le case più povere, come se le abitazioni popolari non avessero diritto a un po' di bello e a un po' di decoro, mi verrebbe da andare ad aggiungere personalmente una traversina. A bucare la roccia con le mani. A spingere a testate l'escavatrice.

Ma per fortuna no: sono profondamente, fieramente, immarcescibilmente contro la Tav in Val di Susa (così come era sacrosanto non volere i viadotti tra Bologna e Firenze negli anni sessanta: in fondo il Passo della Futa è panoramicissimo e c'è pure un gran bel bar per biker) ma fatico a condividere questa battaglia con chi usa i propri megafoni culturali per opporre l'illegalità bohémienne all'illegalità dei poteroni fortoni.

Io sono contro la Tav, perché sono pavido.

Ci mancherebbe solo che scrivessi cose come: "Anche i Wu Ming, gli scrittori, che pure per altri versi adoro pure, hanno rotto il cazzo di inseguire la poetica dei mercati kolkoziani per boicottare una ferrovia, solo perché ha il fascino del gotico staliniano. E tutti quelli che pensano ai gilet gialli come compagni che sbagliano, pieni come sono di fasci e di putiniani infiltrati. E pure Erri De Luca, con quelle sue opinioni da volantino ciclostilato, a differenza dei suoi ammirevoli romanzi, ha rotto i coglioni col Settantasettismo fuori tempo massimo. Deve potersi esprimere senza andare a processo, perché sono appunto opinioni, ma emana un odore di naftalina insopportabile. Lui e tutti gli intellettuali che tanto il lavoro non devono difenderlo, ma ne parlano come se sapessero ancora cos'è, hanno, definitivamente, rotto i coglioni. Almeno a me".

Solo che poi mi toccherebbe essere d'accordo col Capitone, con gli interessi occulti, con le mafie che il Capitone nega, specie nelle terre in cui è stato eletto: la Calabria.

Quindi mai al mondo: sono contro la Tav.

Ma una Sinistra decente, che non sia ostaggio della sindrome Nimby, che abbia a cuore il lavoro, un progresso accettabile, la fiducia di poter governare il caos di un qualunque appalto italiano, ché tanto per fortuna ci sono i giudici, che andrebbero difesi anche quando indagano i tuoi, una Sinistra che sappia rispettare, che sappia opporsi con forza a questo condominio rissoso nel quale ci è dato di vivere, dove quello del piano terra blocca l'ascensore perché tanto lui non lo usa, una Sinistra anche solo vagamente progressista – e sì, il progresso sono anche treni che vanno più veloci e inquinano niente – dovrebbe dire ora e per sempre una cosa solo apparentemente impopolare: serve, si fa. Anche se al prossimo giro votate qualcun altro.

E non solo perché se la sono trovata già risolta, arrivati al governo.

Quando nel '74 scoppiò l'Italicus, tra Vernio e San Benedetto Val di Sambro, mio padre era devastato come se la bomba ci fosse esplosa in casa: "Vigliacchi, la galleria più lunga del mondo".

Io, naturalmente, sono No Tav. Lui, forse, a domanda avrebbe risposto: "La sto cercando anch'io".

Legenda per Toninelli

[*] Da leggere pensando alla nonna dietro all'inviato di *SkyTg24*[**].
[**] È un canale all-news[***].
[***] No, non fake-news, quella è un'altra cosa[****].
[****] Non sai manco cosa vuol dire "cosa", cristosanto?

Perché col cazzo che non dobbiamo accoglierli tutti

Quattro giorni prima, a Verona, era caduto un charter romeno. Un vecchio Antonov a elica. Per questioni di budget, il pilota aveva rifiutato l'antigelo sulle ali. Si schiantò al decollo. Tutti morti. Ricordo di aver pensato: "Spiace, certo. Ma se sali su un charter romeno un po' te la cerchi".

Quattro giorni dopo, seguivo la Fortitudo a Berlino. Erano i tempi fecondi di Bologna città del basket. Il palio di Siena, ma con due sole squadre. Roma e Lazio senza tassisti romani. Montecchi e Capuleti senza turisti che toccano le tette alla statua di Giulietta. Correvano denari a pioggia. Gli sponsor offrivano ai giornalisti la trasferta purché se ne scrivesse. Scendemmo dal bus aeroportuale e davanti a noi si stagliò il velivolo: un Antonov a elica. Charter. Bulgaro.

La scena dei giganti sotto la scaletta, terrorizzati, mentre uno steward che sembrava Corto Maltese senza doccia da sei mesi, probabilmente quello che aveva sparato al papa, li invitava invano a salire, a gesti e suoni gutturali, durò alcuni interminabili minuti. Finché non arrivò, in ritardo, Carlton Myers, il riminese dei Caraibi, quello che somiglia a Celentano, il portabandiera delle Olimpiadi di Atlanta. Aveva le cuffie con la musica a palla e naturalmente non sapeva niente di niente di niente di niente. Si infilò deciso sull'Antonov senza badare a quel girotondo composto da statue di sale. Lentamente, gli altri lo seguirono rassegnati. Sugli ultimi sedili dormiva un tizio in divisa, forse un pilota. Puzzava di alcol. Provai ad allacciarmi la cintura. Mi rimase in mano.

Per una decina d'anni ho fatto il giornalista sportivo, nell'era pre-internet, ed era un'alternativa legale al furto di stipendio. All'estero, almeno. Si scriveva un pezzo di maniera prima di partire (quelli in cui tutti avrebbero giocato la loro partita, rispettavano gli avversari ma non li temevano, garantivano che avrebbero affrontato un incontro alla volta e giammai tutti insieme) e lo si lasciava al giornale perché fosse ribattuto da qualche solerte tastierista e messo in pagina. Una volta giunti in loco – accadde anche quella volta dell'Antonov, dopo tre ore mi avevano portato in un bordello sulla Ku'damm Strasse – si seguiva l'allenamento di rifinitura e si chiamava la redazione per aggiornare l'articolo: tizio sta bene, tizio sta male e non gioca, il posto è bello ma non ci vivrei, firma. Saluti.

Da quel momento iniziava la vacanza, che sarebbe durata fino alla sera dopo, al momento del match vero e proprio. Al termine del quale si dettava a braccio un sunto che si sarebbe potuto tranquillamente scrivere ascoltando la radiocronaca. Io escluso. Perché la radiocronaca la facevo io. Talvolta da un telefono giocattolo in bachelite celeste, di quelli che un tempo vendevano alla Rinascente. Come quella volta a Tallinn, quando un redattore della tv estone, che poi avrei scoperto su Google, secoli dopo, era stato nientemeno che nazionale di ping pong, si sbatté con Mosca per avere la linea da cui potei salutare e parlare: "Amiche e amici sportivi, buonasera...".

Ce l'avevano promessa dopo due settimane, i russi, anzi: i sovietici, la linea. Si giocava la sera stessa. Harry Matskin, così si chiamava, tarchiato, fasciato in un acrilico pesante, con la cravatta psichedelica simile al tizio che tentava di governare quegli ubriaconi del parlamento inglese, unse ruote, mosse funzionari, risolse, e dopo la partita portò me, ragazzotto mandato da una piccola radio privata, e l'inviato dell'Ansa, nella sede della tv di Stato, per utilizzare l'unica linea in teleselezione diretta e spedire i nostri modesti resoconti: 2 su 2 da due, 2 su 5 da tre. Vincemmo pure.

Per la partita di ritorno, lo accogliemmo con una cassa di Ferrari comprata apposta per ringraziarlo. Pianse, come un uomo di oltre cinquant'anni raramente piange. "*World is little*," ci disse, abbracciandoci. Poi prese posizione nella postazione a bordo campo che gli aveva preparato la Rai, che ovviamente ne curava il collegamento per questioni di reciprocità tra enti pubblici. Lo osservai immobile e basito per tutto il match. Ebbe la linea a cinque minuti dalla fine. Perse pure.

Per alcuni fecondi anni, delegai la mia formazione cosmopolita a tizi in mutande che schiacciavano palloni dentro un cesto. Un Erasmus senza neanche dover ottemperare ai doveri primi di uno studente in trasferta: aprire qualche libro e comprarsi il fumo.

Una sera, a Kaunas, in Lituania, il corrispondente della Tass lesse "*l'Unità*" di fianco al mio nome. E mi stampò un bacio in bocca. Un'altra, a Tel Aviv, ci arrestarono un giocatore – Sugar Richardson – perché aveva giocato da quelle parti senza pagare le tasse. Un'altra ancora, a Gerusalemme, affittai un taxi per farmi un giro nei territori occupati e mi feci spiegare l'Intifada da un tizio che sosteneva di appartenere all'Olp ma era probabilmente un mitomane. Di italiano conosceva solo una parola: Andreotti. Un'ultima, a Belgrado, pochi mesi dopo la fine della guerra, il presidente del Partizan tentò di fare colpo sugli astanti offrendo formaggio fritto e raccontando di quanto si divertiva, da pilota dell'aviazione, a spargere napalm sui croati. Forse aveva visto troppe volte *Apocalypse Now*, o forse di quella merda di guerra sappiamo troppo poco.

Sono stato un privilegiato. Ho abbattuto frontiere, per diporto, quando ancora esistevano e a nessuno veniva in mente di erigerne altre gridando "prima quelli" o "prima quegli altri", perché poi tra "prima gli irlandesi del Nord" e "prima gli irlandesi" finisce che ti ritrovi qualche nuova bomba sotto al culo.

Mi sono caricato valigie su piste sovietiche innevate, ho ricevuto sputi e dracme dai tifosi greci – giuro: era una moneta pesante – e inghiottito tapas a nastro sulle ramblas. Ho respinto cameriere russe che volevano giacere con me a pagamento nell'alveare dell'Hotel Cosmos (cioè: dovevo pagare io, non loro) e comprato da quelle stesse cameriere orrendi orologi Raketa perché non volevo se ne andassero a mani vuote. Anche se mi rendo conto che il concetto si presta a doppi sensi.

Ho visto i fori dei proiettili nell'aeroporto di Bucarest, pochi giorni dopo che Ceauşescu era stato passato per le armi, sono stato rapito dai patrioti lituani di Sajūdis appena arrivato in aeroporto a Vilnius, il muro di Berlino mi è quasi caduto addosso. Sono stato a Istanbul quando ancora il leghismo al falafel di Erdoğan non era invalso, e in giro non c'era neanche una donna col velo. Ho fatto, a nota spese, tutti i viaggi che i miei mai si sarebbero potuti permettere. E ogni volta ringraziavo il cielo, nel senso delle torri di controllo, di quel regalo. Ogni volta, ricordavo mentalmente che mio padre e mia madre erano stati a Parigi una volta sola, invitati da un amico, un ex internato, come il babbo, poi diventato ricchissimo trafficando in numismatica, che in realtà voleva giacere con mia madre. Lo sapevano. Andarono lo stesso. Lei visitò la Tour Eiffel senza concedere l'Arc de Triomphe. E mio papà scoprì che il francese, in realtà, non è altro che un dialetto bolognese parlato al quarto bicchiere di Pignoletto.

Sono stato una sorta di emigrante a rate. Col culo al caldo e lo snack dolce o salato al posto del cherosene da inalare a forza. Ho avuto la fortuna di nascere di qua, non di là. E per questo, banalmente, i razzisti mi stanno molto sui coglioni. Non al livello dei venditori di *Lotta Comunista* (ragazzi, si scherza: è solo narrazione satirica) che suonano alla porta la domenica mattina. Ma quasi.

Non sopporto i fascisti che rivorrebbero le case chiuse perché così sono sicuri di non farsi beccare mentre si fanno frustare da quelle che pubblicamente disprezzano. Non reggo quelli ordine e disciplina che non hanno mai pagato un centesimo di Iva ma impazziscono per i 35 euro che vengono dati ai profughi. Anche se lo sanno, che non sono mai stati 35 euro.

Non concepisco gli xenofobi di necessità, quelli che tengono il busto di Mussolini nella fabbrica marocchina in cui impiegano a costo quasi zero la manodopera locale, per sbiancare i nostri jeans con solventi che li uccideranno. E non è un esempio inventato.

Non tollero i nazisti per ignoranza, non m'interessano le condizioni sociali, nulla giustifica l'odio per un altro essere umano. Disprezzo profondamente ogni singolo politico, ogni singola associazione, da quelli con la testa rasata a quelli senza testa che volevano aprire il parlamento come una scatoletta di tonno e poi l'olio l'hanno usato per massaggiarsi l'ego. Mantenendo quel mantra ("Brave persone", "Siamo brave persone", "Ci tengo a ribadire che siamo brave persone") che fa di Di Battista qualcosa di simile al Fiorello degli esordi. Ma con meno talento. E meno acume politico.

Ma poi superiori a chi?

Come si fa a bearsi di una cosiddetta supremazia culturale soltanto perché duemila anni fa gli antichi romani avevano importato dai greci una sorta di democrazia, mostravano un certo buongusto per le colonne doriche, avevano scoperto per primi e con un certo soddisfacimento il bene fisico e psichico dell'incularella. Vedete forse Cicerone girare per le strade? Qualcuno sta costruendo archi di trionfo? O ci sono più tassisti che brucerebbero tutti i negri perché, signora mia, non si può più camminare di notte?

Non credo di essere superiore ad alcuno per passaporto o diritto di discendenza, ché se davvero dovessi sentire un'identità di popolo dovrei intestarmi anche tutti gli italiani che fottono il prossimo loro, che sarei poi io. Quelli per cui gli abusi di necessità sono quelli che compi quando pensi sia necessario: otto piani in più alla palazzina, una piscina olimpionica in tinello, dodici posti letto in cantina.

L'ho già usata la parola Di Maio? E l'espressione "Padre di Di Maio"? Ecco.

It's my country, right or wrong è una colossale *bullshit**.

Perché, se così fosse, dovrei sentirmi solidale coi poliziotti che ammazzano gli Stefano Cucchi, perché siamo casualmente nati dalla stessa parte delle Alpi. Dovrei condannare le foibe (e lo faccio, certo che lo faccio) dimenticandomi che i fascisti, prima, avevano ammazzato settemila sloveni e croati inermi. Dovrei piangere per chi tampona in autostrada e trasforma il proprio figlio in un proiettile, perché era senza seggiolino. E poi magari si lamenta: lo Stato, dov'era lo Stato. Sei Stato tu, coglione.

Dovrei perdonare grandi e piccoli ladri, il familismo amorale che penetra in ogni singolo rapporto, i più bravi che perdono il posto per quelli che devono vincere tutte le gare truccate. Dovrei condividere l'ascensore sociale bloccato dalla mentalità mafiosa di questo Paese. Lo scarico di responsabilità per quello che non funziona. Il voto dell'antipolitica a chi quella politica ha sempre sostenuto, ha sempre disprezzato solo le caste di cui non riusciva a far parte, e quando finalmente ottiene la carta oro è più stronzo e classista di quelli di prima.

Dovrei sentirmi Matteo Salvini e le sue sceneggiate in divisa, a torso nudo, coi bambini su un palco. Dovrei farmi carico di Casalino e della sua ambizione sfrenata, lubrica, impressionante. Dovrebbero, e forse è la cosa di cui mi vergognerei di più, piacermi le canzoni de Il Volo.

Invece no. Ma ancora di più, se possibile, odio gli indifferenti. No, non il libro di Moravia. Anche se ho sempre preferito *La noia*. Forse perché ne genero assai.

E no, nemmeno la celebre cantilena gramsciana, che si condivide sui social con la stessa afonia dell'anima di quelli che hanno reso Alda Merini lo spazio più naturale tra le parole "che due" e "coglioni".

Odio gli indifferenti vicini a me. Perché di quelli, talvolta, mi sento davvero complice. Voglio dire: se nella tua vita hai avuto la sfortuna di nascere Di Maio, vai compreso, carezzato. Lo sai, nel fondo del cuore, di essere totalmente inadeguato.

Ogni mattina una vocina ti ricorda che per fare il ministro degli Esteri dovresti quantomeno saper pronunciare "*the pen is on the table*", che dovendo leggere un libro cerchi da che parte si accende, che vivrai un'altra giornata da interrogato che se beve nel peggiore bar di Caracas crede di essere in Cile ma deve comunque strappare un 6. Se sei Di Maio, se il tuo obiettivo di massima è mettere insieme il pranzo con la cena per più tempo possibile, tentare di tenere coperto il bluff mentre un ministro degli Esteri a caso ti dice parole che non comprendi, se passi il tempo a organizzare servizi fotografici "rubati" con la tua "fidanzata", se sei fluido, prendi la forma del contenitore, diventi quel che serve a perpetuare il gioco di ruolo in cui ti hanno coinvolto, allora è quasi normale che tu parli di "taxi del mare", che tu faccia banale marketing politico sulla pelle dei tizi che affogano, che tu insegua la pancia dei tuoi perché sai che sono identici a quelli della Lega e potrebbero abbandonarti da un momento all'altro. Come hanno fatto.

E quando cambi casacca, ti riconosco lo stesso. Come altro da me. E non mi tocchi. Al massimo mi fai da puntaspilli. Sei quasi un'assicurazione sulla vita dei miei valori: festeggio, levo i calici a quel minimo di amore per l'altro che mi insegnarono al catechismo e che mi sono portato dietro anche dopo aver letto Odifreddi.

Ma se mi sei famiglio, se guardo accanto e ti sento dire che, per carità, quelli saranno anche fascisti, ma Berlusconi aveva ragione: sono civiltà arretrate. Se, certo, avremo anche le nostre colpe come occidentali, ma l'altra sera mi hanno fregato di nuovo la bici. Se i profughi sì, certo, ma i migranti economici tutti non ci stanno. Se aiutiamoli a casa loro… Ecco: tu sei il vero nemico.

Perché, certo, lo so anch'io che certe cose possono pervaderti l'anima. Anche a me, le coppie in cui lui è vestito come

Fedez e lei come una cabina del telefono provocano un brivido, anche a me è capitato di rischiare la vita affrontando una gang di sudamericani solo perché non ci lasciavano il campo del calcetto (e se avessi saputo cosa stavo rischiando, col piffero che sarei andato a centrocampo a dire: "Ecco, noi ci saremmo anche un po' rotti il cazzo"). Eppure non ho paura a dire che a tutti dovrebbe essere concessa la vigorosa botta di culo che capitò al giovane cronista di basket: muoversi quando si deve, muoversi quando si può, ché non è possibile che il cavetto da 2 euro per ricaricarmi l'iPhone arrivi dalla Cina senza controlli, e un tizio che scappa dalla povertà, dalla fame, da terre dove gli italiani fanno affari d'oro, vada respinto perché si permette di essere povero.

Credo di aver perso ogni fiducia in Matteo Renzi quando scrisse, disse, pubblicò sui social, rivendicò la frase "aiutiamoli a casa loro". Un progressista che dice "aiutiamoli a casa loro" è come i Rolling Stones che cantano Nek. Come Maradona che palleggia con una mazza da baseball. Come Alessandro Meluzzi che elabora un concetto compiuto e condivisibile. È l'aumento di velocità, dal trotto al galoppo, del senso comune dilagante. Con mezzi culturali superiori, e per questo – se possibile – ancora più devastanti. Laddove il termine indifferente non si applica più alle persone, ma alle posizioni: una vale l'altra.

Propinare una balla come l'invasione degli stranieri al proprio popolo, fin quando è ancora diverso da quello altrui, ha del criminale. Politicamente, ovvio. Perché rende accettabile il razzismo conclamato degli altri, scopo popolarità. Accoglie e fa proprie le tesi di chi non ha alcuna intenzione di aiutare nessuno, qui o altrove. Quelli per cui prima gli italiani, prima i lombardi, prima i varesini, prima gli abbiategrassesi… c'è sempre il modo di trovare un impedimento cogente a farci carico del fatto che per comprarci il nostro cazzo di plasma a 48 pollici (di necessità, ovviamente) c'è uno sfigato di pelle scura che irrideremo se solo si permette di avere un telefonino da 50 euro per chiamare casa e comunicare che è ancora vivo.

Non solo: è davvero buonista. Cioè è falsamente buono. Mette paletti, che poi sono confini, dentro i quali si trovano molto più a loro agio gli altri, che in mezzo alla morchia cercano giustificazioni al loro semplice, irredimibile, odio per il diverso. Spalma una patina di "perdenza" su un concetto di civiltà. Pone le basi per atti concreti, come Minniti e i suoi patti coi trafficanti di carne umana, che hanno fatto da rampa di lancio per il salvinismo al potere, specie culturale, dunque più difficile da spazzar via, e cioè per la morte usata come deterrenza, l'aumento delle vittime messo plasticamente in scena per spaventare chi parte, come i cadaveri dei partigiani lasciati penzolare dai fascisti dai tetti dei distributori di benzina, che richiamarono altra violenza, che trasformarono Benito e i suoi in bunjee jumper per caso.

Il cattivista combatte una battaglia di retroguardia, tattica, di lana mediocre, che al momento sembra comunque aver vinto. Ma è superato dalla Storia, che se ne frega dei nostri modesti sussulti speculativi, del piccolo cabotaggio che mira alle prossime elezioni – da perdere – e ha stabilito che se uno scoglio non può arginare il mare, tantomeno uno o più razzisti possono evitarne gli esiti.

Il meticciato, come direbbero quelli che parlano e scrivono male, è come l'analcolico moro di Supergiovane. È entrato in circolo. La seconda generazione è già oltre. Le amichette di mia figlia il velo non lo portano, e non si sentono altro che italiane. Pur senza esserlo all'anagrafe. L'integrazione che non volevate è già avvenuta e si incaricherà di sorpassare l'errore di prospettiva che avvolge, quasi sempre per motivi poco commendevoli, gli attuali grandi del mondo.

Ci mischieremo ancora, che lo vogliate o no. E saranno, come sempre, contaminazioni benedette. Saremo come il *cuscusu* siciliano, che arriva dall'Africa, come il pomodoro che arriva dagli Usa, come il grano che arriva dall'Ucraina. Davvero li lascereste nel piatto perché sono nati altrove, fortunate combinazioni di carbonio come siamo anche noi, particelle dell'universo che domani potrebbe asfaltarci per costruire un'autostrada celeste, o perché il caso estremo che lo governa si è rotto il cazzo delle molecole che si credono, chiedo venia, stocazzo?

Succederà. Perderanno. Vincerà il nostro dna che è partito dal Corno d'Africa e ci ha portato fin qui. Se le cose continueranno a muoversi senza restrizioni, sarà umano e inevitabile che possano farlo anche gli uomini. Magari senza doverlo necessariamente fare. Perché avremo smesso di trattarli come cose.

Ci vorrà tempo ma accadrà. Forse neanche tanto, se è vero che solo pochi mesi fa Visegrád sembrava il parco giochi delle teste di cazzo, la meta di pellegrinaggio dei sovranisti all'amatriciana, o alla *cassoeula*, ed è già diventato l'auditorium del requiem di pernacchie per l'Europa sovranista.

Succederà.

Mentre Salvini sarà ancora lì a postare un meme che sa di ricino e cercherà di rimandare a casa sua Mahmood.

Che è di Milano.

Legenda per Toninelli

[*] Questa è difficile, ti conviene usare Google Translate.

Perché col cazzo che imitare i populisti vi farà vincere le elezioni

“So che al lunedì vi trovate con altri direttori per una cosa che chiamate ‘La cena dei cretini’. Quando non ci sei tu, invece, come si chiama?”

Sentire il boato del pubblico, vedere Emilio Fede che barcollava sotto il maglio della battuta che avevo scritto per Gene Gnocchi, mi procurò una certa qual gioia. Avevamo, aveva, creato un genere: la domanda insolente. Fino a quel momento l’ospite televisivo veniva venerato, tipo gli arbitri con la Juve. In quel programma, si chiamava *La grande notte del lunedì sera*, Anno Domini 2002, il primo che contribuii a scrivere dopo aver varcato i bastioni di Orione alle terga di Celentano, piovevano sberloni. Previo, garbato, agguato. Essendo il giovane di bottega, toccava a me chiamare la vittima designata al telefono. Fosse egli Clemente Mastella, un oroscoparo delle televendite notturne, Miss Padania, appunto Emilio Fede. Gli spiegavo il programma, mentendo. “Sai, è una specie di cerimonia degli Oscar. Invitiamo i protagonisti dello showbiz, del giornalismo, della politica. Gli consegniamo un premio, il Wolfango Award, è intitolato a un dirigente della Rai che ballando come John Travolta infilò le dita nella 220 e morì. Fa ridere, vero? Ecco, bravo, ridi. Dopo c’è una breve intervista in cui Gene gioca con il premiato. Gli ospiti si dividono in due grandi categorie: le vittime e i complici. Tu naturalmente sei complice."

Poi – come successe a un visagista del mattino di Raiuno – gli schiacciavamo un uovo crudo in testa.

Tolta forse Lilli Gruber, che fu molto gentile e mi liquidò dopo avermi fatto innamorare della sua voce, cedevano quasi tutti. La vanità di mostrarsi spiritosi, ironici, vinceva sulle ritrosie, sull'opportunità. Mica avevano Twitter per fingersi dotati di humour, e allora venivano a farsi massacrare. Era la Rai di Berlusconi, che il lunedì sera si riuniva con Bossi ad Arcore, accendeva la tv, si incazzava come una tana di bisce perché i *comunisti* erano usciti dalla riserva indiana di Raitre, e ogni volta faceva due tipi di telefonate. La prima non so bene a chi, fatto sta che molte delle nostre vallette diventarono Olgettine. Come Marysthell Polanco, quella della coca nascosta nella Mini, che a un certo punto prese ad arrivare agli studi a bordo di una Smart che sosteneva le avesse regalato Gianluca Vacchi, probabilmente dicendole: "Enjoy!".

La seconda ad Antonio Marano, leghista, direttore di rete, che però ci difendeva perché di tv ne sapeva e ne sa (per dire, ha scoperto Maurizia Paradiso, quella di "su bel duro" e "buenas noches, amici de las noches") e soprattutto rideva molto con le cose di Gene. Usciva dallo studio ogni due minuti: era Silvio che chiamava. Gesticolava, camminava, sbuffava. Ma ci faceva fare.

Quando lo spostarono, in uno dei seimila giri di valzer tra dirigenti Rai, venne sostituito dall'ex presidente della provincia di Varese, uno che messo di fronte a un telecomando avrebbe impiegato una manciata di secondi a inghiottirlo. Era così inadeguato che al confronto Toninelli è un esperto di infrastrutture. A Roma lo chiamavano "Er Tazzina", perché il figlio una notte gli era entrato in camera da letto staccandogli un orecchio con l'accetta. Eravamo ancora in palinsesto anche per l'anno successivo: ci bruciarono subito le scenografie.

C'era però il piacere unico di aver portato qualche risata nel bunker altrui gabbando il potere piccino e grottesco dei potenti di turno. Come quell'altra volta, a Sanremo, l'anno dopo. Nel pieno del totale dominio di Arcore su viale Mazzini. Tipo oggi coi Cinque Stelle e la Lega, ma con molta più figa.

Conservo ancora il foglio protocollato con cui l'ex deputato di Forza Italia Fabrizio Del Noce, allora direttore di Raiuno, intimava a tutto il gruppo autorale di non toccare neppure per sbaglio qualunque argomento di rilevanza politica. Era l'anno di Tony Renis, dei collegamenti forzosi con Nassiriya, del Festival ereditato all'ultimo perché Bonolis si era sfilato in extremis dopo aver saputo che le major non avrebbero mandato i cantanti. Vinse Masini, e infilammo la prima battuta su Berlusconi nel pre-sigla della prima serata. Naturalmente senza averla messa in copione per evitare i tagli.

Del Noce, tiè.

Questo per dire che amo la satira. L'ho imparata da Michele Serra a *Cuore*, l'ho affinata con Gene, l'ho perfezionata dopo (chissà quanto) con mille altri teppisti morali come me perché mi piace usare lo sberleffo, la pernacchia, il motteggio per poter dire sostanzialmente il cazzo che voglio. Serissimamissimamente.

È uno strumento leggero e potentissimo. Quando dismetto il quale, divento più noioso di un tweet di La Russa, di una replica di *Tempesta d'amore*, di un'amichevole di curling. Un mestiere del quale sono anche geloso, ed è per questo che se qualcuno tenta di rubarmelo lo faccio presente.

Da un certo periodo di tempo, per esempio, se lo sono preso i politici. Come Beppe Grillo. Sì, lo so, lui teoricamente viene proprio da lì. Ma a Grillo della satira non è mai fregato nulla. All'inizio della carriera, quando fu scoperto da Baudo, i suoi monologhi erano sui francesi senza bidet, non sulle eventuali truffe di Telecom. Solo che il mio mestiere è fondamentale, per quelli come lui. E Grillo ebbe il culo solenne di trovare sulla sua strada proprio Michele Serra, e Antonio Ricci. Che lo imbibirono* di senso, di contenuto, lo stesso che poi mutò man mano che si affidava ad autori non professionisti. Come Marco Morosini, il garante della sua svolta ambientalista, un pacioso accademico ricco di buoni principi. E come Gianroberto Casaleggio, che di buoni principi non ne aveva poi tanti, intento com'era a immaginare la versione alla Bombolo della Fattoria degli animali. Cercava urla e sudore con cui concretizzare il proprio esperimento, e li affidò a un tizio che invece cercava pubblico, solo quello, lanciando invettive sull'establishment. Roba da risata facile, come a Sanremo, dove chiunque si presenti a sfottere il carrozzone incassa ovazioni. È un umorismo da convention aziendale: perculi il capo e i dipendenti ridono, convinti, per un battito di ciglia, di essersi affrancati dal loro cilicio** quotidiano.

Un altro mitomane di successo come quelli di cui la nostra Storia è piena: Mussolini, Silvio, Wanna Marchi. In ordine crescente di credibilità.

La parabola di Grillo è finita davanti al milione di fan in piazza San Giovanni, a Roma, prima del voto che portò in parlamento l'ondata originale degli scappati di casa. Intanto, però, aveva figliato, non solo tra i suoi, una società dell'avanspettacolo fatta di caratteristi e comparse.

Lasciamo stare i tweet di Toninelli, l'italiano cubista di Di Maio, le enormità delle varie Lezzi e *questolodicelei* Castelli: parlo di comicità consapevole. Anzi, di satira riflessa. Lo strano morbo per cui i grillini, una volta diventati potere, ancora oggi si comportano come se non lo fossero, criticano i critici. Eseguono, senza comprenderlo, il disegno ormai rimasto senza manovratore di un uomo che voleva principalmente sostituire il proprio potere a quello ormai logoro dei media tradizionali.

E che, pur di ritrovare un riflettore, s'è inventato il cosiddetto Governo giallorosso.

La Casaleggio era pappa e ciccia con piccoli portali che traevano dalle balle più colossali (alcune scritte in proprio, altre recuperate da vari siti di disinformatija*** russa) le *impressions* utili ad aumentare il fatturato. Monetizzava i coglioni. E, contemporaneamente, usava Grillo per disossare i concorrenti. Menandoli. Attraverso la narrazione tossica e pervasiva del "questo non ve lo dice nessuno". E grazie al cazzo che non lo dice nessuno: è falso.

Così, il cosiddetto Garante, chissà quanto consapevole di essere un mezzo e non il fine, ospitò sul suo blog (anzi, su quello che il suo burattinaio gli aveva hackerato, innalzandolo a un ruolo difficile da mantenere, per poi lasciarlo cadere a piangere e a urlare) gli agguati ai "satirici del giorno", indicando la linea ai suoi epigoni sgrammaticati che ancora lo imitano. Attaccano cronisti, voci dissonanti, semplici non allineati, anche interni. Spargono meme insultanti, fanno clickbaiting estremo, organizzano linciaggi virtuali. Hanno persino un vignettista di fiducia, un certo Marione, poi associatosi con la filosofia dadaista di Fusaro, che emette peti credendo siano battute. La Raggi gli ha affidato un volumetto sull'educazione civica. In odorama, immagino.

Nell'ultimo libro di Matteo Renzi c'è una frase contemporaneamente veritiera, sincera, disastrosa: "Abbiamo perso perché abbiamo sbagliato la comunicazione sui social".

Veritiera, perché certo che l'ha sbagliata. Lui, proprio lui, nient'altro che lui. Ché l'uomo ha una certa tendenza ad ammettere solo gli errori degli altri. Socializza le colpe, privatizza i successi. Tipo la Fiat con le perdite e gli utili.

Sincera, perché Renzi è realmente convinto che tre anni di tonfi elettorali siano figli di un napalm in rete che voleva ancora più pervasivo. Ancora più identico all'originale grillino, o alla copia muscolare di quella che ha creato il boom di *er divisa*: la bestia.

Disastrosa perché è convinto, con ogni evidenza, di non essere stato abbastanza populista. Di non aver inseguito ancora di più il senso comune a scapito del buonsenso. Di non aver trasformato ancora più plasticamente il partito che poi ha mollato in una versione gozzaniana dei Cinque Stelle, coi guanti bianchi applicati alle stesse tematiche: l'invadenza dello Stato, delle tasse, quella dell'Europa che ci scippa le risorse, la percezione di chiunque ne ostacolasse la marcetta trionfale come un gufo (i giornalisti), come un orpello passatista (i sindacati), come un deficiente (tutti gli altri).

Renzi ha governato come se avesse potuto rimanere in carica per sempre. Anche la famosa riforma costituzionale, che mandò in crisi il sottoscritto, ché mi stavano sui coglioni per ragioni opposte sia quelli del sì che quelli del no – per la prima volta in vita mia non votai – era disegnata per se stesso.

Per il consenso oceanico che pensava di mantenere vita natural durante. Quella della Rai, pure. Col risultato di mettere nelle mani di Salvini e Di Maio ciò che sognava per sé.

Ad oggi, i suoi pasdaran**** insistono nella narrazione dell'"abbiamo perso perché vi era antipatico". Oppure: "Avete l'ossessione". Confondono il tizio che avvisava dell'imminente tamponamento con chi guidava la macchina.

A me personalmente Renzi sta simpaticissimo e vorrei tanto consegnarne le "cose buone" alla memoria, non foss'altro che aveva solennemente promesso di lasciare la politica in caso di facciata elettorale. Come Grillo, come Salvini. Del quale indossa lo stesso nome, lo stesso profilo, lo stesso pollice opponibile acrobatico appaltato a qualche genietto dei social.

Solo che le cose buone le deve a una storia che non è la sua, come ha scritto sul suo vendicativo pamphlet*****. È la mia, è la nostra. Una roba moderatissima, diciamo da vecchi comunisti emiliani, per i quali persino l'odierna Sinistra radicale sembra una macchietta anacronistica, gente per cui la miscela vincente tra cotechino, Europa, socialdemocrazia, discoteche, servizi sociali, ballo liscio, memoria, asili nido, molta patacca e qualche pataccata, ha fatto da collante virtuoso a un modello che il partito centrale ha sempre usato come serbatoio di voti e soldi, avocando le decisioni sotto il Cuppolone, con due "p".

Siamo noi, che sembriamo usciti da un'inquadratura di *Novecento*, possibilmente alla guida di un Suv, le gambe su cui il senatore semplice – risate – ha potuto appoggiare una perla (la legge sulle unioni civili) nel suo mare di piccolissimo cabotaggio fatto di classe dirigente modestissima, scelta tra gli obbedienti e non tra i competenti (come Di Maio), ricattando l'Ue (nascose la bandiera europea e minacciò ritorsioni economiche, come Salvini) e premendo sulla stampa (come Di Maio e Salvini, o Paragone) in una miriade di modi: dal giro di veline distribuite *à la Casalinò*, alle livorose rassegne stampa sul web cui costringeva se stesso e i suoi fedelissimi, agli show della Leopolda in cui lanciava referendum sul titolo peggiore.

Avendo campato per anni sul dileggio di quei titoli, di quegli articoli, di quella compagnia di cialtroni che si descrive fuori dal coro per far meglio apprezzare il proprio belato univoco, e remunerativo, dovrei essere d'accordo con lui. Invece no.

Perché, appunto, facciamo mestieri diversi. Perché noi siamo i controllori e lui è il controllato. Perché le truppe cammellate sui social, con gli hashtag usati per premere sui "nemici", magari lasciandoli in eredità a chi si spera prenda il proprio posto – anzi: che lo scaldi prima dell'ineluttabile ritorno al potere, nel suo evidente disegno egemonico che finalmente prevede la scissione –, somigliano troppo a una bestiolina senza neanche la grandezza di quella primigenia, quella con cui Luca Morisi, lo spin doctor di Salvini, monitora ogni singola cazzata sul web e spinge il Capitone a prendere sempre la posizione più popolare. Un gioco al massacro che insegue al ribasso la credulità popolare, alimentando uno scontro fra élite e gente che poi, per dire quanto sia una cosa seria, finisce pure lei a Sanremo.

Bertolt Brecht faceva dire ai suoi potenti, in satira, che se gli eletti non rappresentavano più gli elettori, andavano cambiati gli elettori. Un paradosso che è, invece, da noi l'unica opzione possibile. Adagiarsi sulla pancia del Paese senza ambire a cambiarne l'attitudine significa dare per scontato, per esempio, che la prossemica da *Tg4* dell'emergenza immigrati sia un dato di fatto. Fare proprio lo slogan "Aiutiamoli a casa loro", tipico di quelli che non vogliono aiutare nessuno, in nessun luogo e in nessun lago. Raccontare, condividere, subire l'egemonia culturale di chi sul proprio egoismo spacciato per buonsenso ha costruito fior di fortune. Tentare di cavalcare la paura inoculata da altri, finendone ovviamente disarcionati.

Da lì ai lager libici è tutta discesa. Di consensi. Di identità. Di speranza. Di coraggio.

È molto più classista pensare che la gente debba essere manipolabile, inseguendone e vellicandone gli istinti, piuttosto che affrontarne di petto le percezioni indotte dagli altri. Se per primi, come Renzi, e non importa se sia per calcolo o intima convinzione, si pensa che certo culturame sia radical chic, che la ragione e il distinguo siano roba da lasciare alla ridotta di Capalbio (del cui consenso però ci si pasce, quando c'è, dopo averne inseguito la benedizione), se si promette lealtà al Letta di turno e poi lo si possiede posteriormente senza previo consenso come neanche i peggiori democristiani, accade quel che è accaduto: si cambia il dna dei propri che rimangono, si allontanano gli altri dal voto. Creando una marea di non rappresentati, mentre quelli che fingi di combattere, e a cui somigli sempre più, fanno il pieno tra chi hanno contribuito a formare.

Se davvero la politica è prodotto, questo periodo sospeso tra Giambattista Vico ed Er Patata avrà una fine, un'epifania, quando sarà finalmente affrontato col coraggio dell'impopolarità. Quella che di solito ci prende ogni ventina d'anni. Tipo nel '43, quando ci levammo in piedi dopo l'infinito appecoronamento al mascellone. Tipo nel 2011, quando l'ultimo rutto di champagne sul volto del Paese portò ai caroselli sotto casa di Berlusconi per festeggiarne la dipartita. Prima che Napolitano congelasse il voto e, con esso, una possibile catarsi. Per eccesso di realpolitik.

C'è una sorta di conformismo dell'anticonformismo per cui si considera perdente o anacronistico essere, appunto, "buonisti".

Invece rappresenta una medicina. Per la propria autostima e per un banale calcolo di bottega: stavolta serviranno molto meno di vent'anni, per schiantarci. E per tentare di rialzarci. In parte è bastata un'overdose di mojito al Papeete. Solo che bisogna poter dire: "Ve l'avevamo detto, siamo sempre stati diversi". E la cosiddetta base, ciò che ne rimane, sospesa tra i voti per disperazione e l'aventino elettorale, può anche farlo. Neppure la compagnia di giro del Nazareno. Perché, tolto il fratello di Montalbano, quasi tutte le facce sono le stesse. Facce che guardavano altrove, nella migliore delle ipotesi, mentre l'argenteria del partito veniva venduta su Facebook.

Non ho nulla contro Renzi e, anzi, la sua dipartita consensuale col Pd mi pare cosa ottima: una soluzione cecoslovacca che drenerà voti a Forza Italia, e magari potrò dialogare con quel che resta del luogo che ha scientemente desertificato facendo finalmente lobbismo legittimo per il proprio ego di dimensioni condominiali. In questo, il colpo di teatro sul Conte bis è genio puro. Gli ha permesso di contarsi e di contare di nuovo, anche se – sondaggi alla mano – sta sui coglioni all'85 per cento del Paese.

A me no, davvero. Non personalmente. Ma siccome per un periodo si era incaponito a voler rappresentare l'area culturale che era la mia, un posto delle fragole per il quale continuo a provare un sentimento, direi, inestinguibile, a prescindere da qualunque altro tizio vada a farci il picnic, fosse persino uno squatter che lo ha usato come rampa di lancio per le proprie ambizioni interplanetarie, lo saluto con una carezza e un sorriso. Ma per sempre.

Matteo, non sei tu. Sono io.

Legenda per Toninelli

* Lascia stare.
** Quello che ti fanno indossare se tardi con le restituzioni.
*** БLФğ Đï GЯÏLLФ.
**** Di Battista.
***** Specialità alimentare kazaka.

Perché col cazzo che la Destra sa far ridere

I muri erano lerci oltre ogni umana immaginazione. Striati di sporcizia stratificata, specie nel bagno. Una sorta di stucco veneziano marrone. Sembrava ci avessero fatto dentro una messa nera o un raduno di seppie impazzite. Pareva un cesso chimico di Pontida.

Mi guardavo intorno spaventato: davvero andiamo a vivere in un posto così? Chi cazzo si sta fregando la mia infanzia? Il pavimento era composto da piccoli esagoni granata, piastrelle da poco, che mia madre, dopo aver personalmente "dato di bianco", si sarebbe ostinata a tenere lucide per gli anni a venire, con olio di gomito, cera Emulsio e spazzolone, facendo una fatica che non comprendevo. L'appartamento era microscopico: 48 metri quadri al piano terra di un enorme condominio da oltre cento famiglie che apparentemente avevano figliato parecchio: i derby sulla ghiaia erano più frequentati di un concerto di Laura Pausini. Ma cantavamo meglio.

Le case dei ferrovieri, le chiamavano. Forse per un motivo: lo erano. E lì ci eravamo trasferiti all'alba dei miei quattro anni, con un mutuo da 760.000 lire, ché di stare in affitto nel vecchio appartamento della prima periferia non potevamo più permettercelo. Si andava più lontano. Il mio latte era un lusso da far segnare al negoziante: "Paghiamo a fine mese". Talvolta ci riuscivano davvero. La mia prima cartella scolastica, una specie di catafalco bordeaux in ghisa pressofusa, portava le insegne delle Olimpiadi di Monaco '72. Ma era il '74. Non c'erano soldi e neppure tanta speranza.

Per soprammercato, l'agglomerato di vite a poco prezzo (dignitoso, comunque: erano case del '29, con una sorta di grande corte al centro della quale mi sarei sbucciato mille ginocchia e ferito per sempre il sogno di fare il calciatore) dava su un grande campo circondato dal filo spinato e destinato negli anni a cambiare destinazione d'uso. Per un po' fu il deposito dell'Autogerma, l'importatore delle Volkswagen in Italia. Poi i crucchi si spostarono a Verona e divenne teatro, previo buco nella recinzione, di qualche pallonata e di una baracca fatta con suppellettili rimediate chissà dove dai più grandi. Una baracca pasoliniana, se capite cosa intendo.

Oggi è un parco attrezzato, pagato dalle Coop per poter costruire un ipermercato proprio lì di fronte. Ma un periodo fu un nulla distopico, una sorta di prolungamento di ere in via di estinzione. Dietro, lo schermo di un cinema all'aperto che d'estate rimandava a volume altissimo l'audio di film in dodicesima visione. Era come avere Bud Spencer e Terence Hill in casa una sera sì e una no. Tipo il palinsesto estivo di Raiuno o Rete 4. Dentro, Feste dell'Unità a rotazione. Chiacchiericcio. Bandiere rosse a nastro. Il Canzoniere delle Lame e le loro canzoni alla Giovanna Marini: belle e avvincenti come la musica balcanica al concerto del Primo maggio. L'orrendo zumpappà del liscio, che odiavo con tutto il cuore e oggi, per certi versi, non so manco quali, mi manca. A volte, anche, ospiti di livello. Vennero gli Inti-Illimani, a ricordarci che il comunismo è fatto di gioia ma anche di noia.

Intanto mia madre smazzava giornali, poco lontano. E mi portava a casa quelli invenduti. Lo *Stadio* (quotidiano sportivo locale dedito al Bologna e null'altro, cioè l'informazione come dovrebbe essere), il *Carlino*, ovviamente *l'Unità* e, col passare del tempo, anche *Repubblica*. Non c'era la Disney, tra i rilegati che potevo compulsare gratis. Così dovevo accontentarmi di sottomarche disegnate qui. Soldino, che imitava Topolino. Beppe e Cucciolo, con ogni evidenza ispirati a Mickey e Pippo. Nonna Abelarda, il Diavolo Geppo... sicuramente copiati ma non sapevo da chi. Fu istruttivo imparare che il ludico, il comico, l'intrattenimento, persino quello pensante, pescano sempre altrove. Non sapevo chi fosse Aristofane, non saprei citare Rabelais, non ammanto quel che scrivo con cazzate come "calco migliorativo" o simili, ma quando al cinema vidi il primo Fantozzi mi fu subito chiaro come Villaggio avesse saccheggiato, e illuminato, il Bristow che allora leggevo su *Linus*.

I miei non erano esattamente accademici. Così, per mia madre, ogni cosa disegnata, lo era allo stesso modo. Incartava e recapitava sul tavolo in formica della microscopica cucina. I piccoli tomi della Bur con dentro i Peanuts. Quelli di Mafalda. Le raccolte di B.C. il cavernicolo e...

"A Natale regalatevi un pompino."

Il titolo del *Male* sormontava l'effigie di una madonna e non è tra quelli che si ricordano di più. Probabilmente perché fu sequestrato dodici secondi dopo l'uscita, come spesso accadeva all'epoca. Per strada si sparava. In edicola pure. Erano brutti, sporchi, cattivi, certamente poco comprensibili per un bambino di neanche dieci anni. Eppure li leggevo ogni settimana, quando appunto non erano finiti nelle grinfie della Digos.

Ancora andavo al catechismo, ma quel titolo non mi colpì neanche tanto. Mi bullizzavano l'anima altri accostamenti, molto più feroci, quelli – avrei imparato dopo – più vicini alla poetica di harakiri, che è poi quella di *Charlie Hebdo*, cioè il politicamente scorretto come fine che spesso travalica il cosiddetto messaggio. E non c'è niente da capire.

C'era Vincino col suo tratto tossico, che mi manca come l'aria. C'era Andrea Pazienza che si prendeva qualche requie dalle pere e disegnava vignette giocondo, giocoso: "Ho il sicuro affuturato". C'erano Angese, Perini. C'erano i *mock**, si direbbe oggi, dei grandi quotidiani. Come quando Ugo Tognazzi si prestò a passare per il capo delle Brigate Rosse. Mi ricordo la gente sul tram, a Bologna. Uno che diceva: "L'ho sempre saputo".

Erano urtanti, al *Male*. Eroismo ed eroina si confondevano, sgombrando il campo da qualunque remora di opportunità. Vedevano un'altra Italia, ma era quella vera. Come il muro di Paz, quello che al suo personaggio sembrava viola perché si era ammazzato di canne. E poi, al mattino dopo, era viola davvero.

Quando un santone sterminò i suoi adepti mediante bevande gassate, fecero il verso a una pubblicità dell'epoca: "È amara in un modo pazzesco". E altrettanto disturbante, di anni ne avevo addirittura dodici, mi apparve la foto di Aldo Moro in prigionia, quella spedita dalle Brigate Rosse, con la parodia di un altro celebre spot: "Scusate, abitualmente vesto Marzotto".

Era molto tempo prima che Brigata Rossa diventasse il nome di una squadra a MasterChef, roba da prendere gli autori del programma e darli in mano a Mario Moretti perché confessino le loro colpe ed espiino nel modo più plateale. E la successione di cadaveri ad personam[**], prima che i fascisti squarciassero la stazione dietro casa e la mia innocenza, non fu esattamente un ilare compagno verso la maturità. Oggi mi pare una genialata, perfettamente aderente al tempo in cui fu creato. Allora...

Allora devo aver maturato la passione per la satira e la convinzione granitica che la Destra, intesa come visione del mondo nichilista-aggressiva, non la sappia fare.

Lasciamo stare quando non la vuole fare ma ne scippa i linguaggi. Penso a Cruciani e alla *Zanzara*, per dire, dove tutto è figlio della libertà di sberleffo, delle tecniche grossier che tutti amiamo; c'è sicuramente più di un rimbalzo sinaptico, ma manca di un dato (per me) essenziale: avere qualcosa da dire.

Per carità: è ovviamente legittimo non avere un cazzo da comunicare o, come in quel caso specifico, non volerlo disvelare per pescare adepti ovunque. Fingere di essere divisivi per puntare all'unanimità plaudente del "fatti i cazzi tuoi". Simulare fustigazione per andare a fare il paraculo a Mediaset con soubrette (Mughini) e raffinati intellettuali (Wanda Nara).

Anzi, per certi aspetti è socialmente auspicabile. E io parlo ovviamente per invidia. Vorrei esserne capace. Così come mi piacerebbe avere la forza di recitare la parte in commedia del "sinistro" come Parenzo, vittima consapevole del gioco al massacro, parodia della parodia, sponda nel flipperone populista che platealizza il nostro dato distintivo dacché gasavamo negri, ebrei e sloveni dichiarandoci brava gente: il fascismo abborracciato. Che disprezza il popolo ma finge di essere dalla sua parte. Che usa i freak per fare spettacolo pur di far ridere grasso altri freak, o così almeno li considera. Colui che si sente parte di un'élite solo perché sa coniugare due congiuntivi, tra un rutto post-ideologico e l'altro. Coro che si dice fuori dal coro. Maggioranza rancorosa che se la prende con la minoranza. Tipo Flaiano fatto di Red Bull. Alberto Sordi pieno di coca. Vittorio Sgarbi così com'è. Arci-italianità ostentata, vincente.

Ma qui siamo appunto nell'ambito della consapevolezza. Che (lo dico appunto con invidia) attiene all'unicità del mezzo. In radio puoi permetterti di dettare i tempi, zittire i coglioni, far tacere anche chi dice qualcosa di condivisibile ma esce dal tuo grandguignol. In tv no. Quando Sgarbi urlò a Cruciani che gli avrebbe defecato in testa, ce l'aveva di fronte, davanti alle telecamere. Non si poteva farlo sparire. Ne uscì un'autosatira mica male.

Diverso è il provarci, più o meno scientemente, rivendicando i padri nobili. Non parlo del Bagaglino, quella è ormai preistoria. Né di Guareschi, cui fece un gran bene la trasposizione buonista – riappunto – dei suoi romanzi, la necessità di smussare certe asprezze maccartiste verso il povero Peppone pur di riempire i cinema. Ma almeno scriveva da dio. Non parlo delle disastrose imitazioni destrorse su carta, dal *Borghese* con le sue foto lombrosiane alla *Pulce*, mi pare si chiamasse così, un giornaletto che quando lavoravo a *Cuore* faceva da cassetta delle lettere dei Servizi e pubblicava scoop su Prodi e sulle sue sedute spiritiche. Mentre Berlusconi si mangiava il Paese.

Non parlo dei satiri romaneschi che fanno rassegna stampa, cui vorresti occupare il palco dicendo "tieni, ti regalo una battuta, così almeno una chiusa ce l'hai". Non parlo della *Verità* e dei suoi titoli al napalm, un paio dei quali sempre contro gay e il cosiddetto "gender", come se Belpietro o il suo finto attentatore volessero dirci qualcosa di molto personale.

Non parlo di Littorio Feltri e del suo umorismo da bordello, il suo etilismo ostentato, le sue battutacce sessiste, fasciste, che sui social alterna a foto di gattini. Probabilmente prima di inghiottirli. Non parlo di Mario Giordano che fa lo spiritoso in tv mostrando cartelli alla Bob Dylan, del quale con ogni probabilità ignora l'esistenza, contenenti giochi di parole con cui attirare lo stacco del regista. E il prossimo ingaggio. Non parlo dell'umorismo manettaro di Marco Travaglio, coi cognomi storpiati, l'allegria di un mattinale, l'inflessibilità adamantina che dura finché Vauro non ti fa una vignetta su Toninelli. Non parlo dell'umorismo da vecchio gagà di Marcello Veneziani, un uomo chiamato foulard, che discetta*** ancora di Rai e di lottizzazione dopo essere stato catapultato ai vertici di viale Mazzini perché allora Gianfranco Fini non era ancora un agnello sacrificale da offrire agli scherani di Berlusconi. Non parlo delle barzellette di Berlusconi, della sua "simpatia", della gigantesca opera di rimozione che stiamo facendo solo perché ci appare vecchio e sconfitto, e allora dimentichiamo i trent'anni di televisione ballista, il campo seminato con l'odio, l'intolleranza, la paura percepita, che improvvisamente ha trovato un fattore più giovane e più scaltro. Il raccolto lo fa lui. Non parlo di Luca Morisi, l'*attaché***** di Salvini, lo staracino che prende il peggio delle peggiori tecniche web e le usa per spammare astio ridanciano, la stessa allegria delle squadracce quando andavano a riempire di olio di ricino i disfattisti, le sinapsi di chi per un caso della vita non ha potuto formarsi una sintassi del ragionamento, dunque è facile preda di certe tecniche, oppure più semplicemente, magari da istruito, da ricco, da privilegiato, è solo una sontuosa testa di cazzo. Non parlo naturalmente di Grillo, le cui nenie sul suo blog sempre meno frequentato inducono alla depressione, uno che senza bravi autori sarebbe stato probabilmente solo il testimonial di quel deodorante, quello per cui "più sudi più sai di fresco". Non parlo dei Sallusti che sono tutti Charlie finché non salta fuori una battuta sull'Italia e allora non solo non sono Charlie ma vai di indignazione ad assetto variabile, ché seppellire un qualche malcapitato sotto metri di fango va bene, irridendolo con tecniche appunto satiriche va anche meglio, ma quelli senza bidet come si permettono.

Non parlo di tutti loro perché, ammettendo che esista ancora la Sinistra, e di questo non sono certo, anche se quando ho saltato uno stop e ho centrato una macchina, e ho provato a dire che Destra e Sinistra erano concetti superati, quello mi ha menato, e aveva ragione... non parlo di tutti loro anche se il tempo ha ribaltato la vecchia definizione degli schieramenti rispetto al popolo, e cioè che entrambi lo disprezzavano, ma almeno la Destra non gliela menava, mentre adesso un po' di popolo lo mena e l'altro lo sfrutta come carne da cannone da esibire in una qualche ribalta di casi umani...

Non parlo di tutti loro perché la satira di Destra non esiste. Anche in quelli più bravi, uno c'è, fa il vignettista sul *Tempo*, mi fa spesso ridere, vorrei volergli bene, giuro, ché la vecchia regola "hai riso, è tardi" vale più o meno sempre, un giorno ci riuscirò, ma gratta gratta esce quell'arietta da Ventennio che insiste più facilmente sulle donne, sui migranti, sui luoghi comuni della furbizia, su quella regoletta semplice semplice che una volta per tutte, almeno a queste latitudini, forse perché siamo cattolici anche non volendolo, forse perché c'è un che di cavalleresco che di solito viene da una sorta di pietas, forse perché sono appunto un buono che gronda umanità da tutti gli artigli, credo di conoscere la risposta all'eterna domanda su cosa sia satira e cosa no.

La satira la fai su chi ha un potere o ti sembra ce l'abbia. La fai perché hai una posizione che ritieni degna e vuoi affermarla facendoti scudo con la risata, ché senza la pernacchia non saresti morale ma moralista. La satira, alla fine, serve a far ridere tutti, o almeno a provarci, ma a proteggere gli ultimi.

Sennò è pestaggio. E io, ai pestaggi, non voglio partecipare.

Legenda per Toninelli

* Roba finta.
** Per quella specifica persona: cazzo, era facile.
*** Parla. No, Buscetta è un altro.
**** Popolare aperitivo marsigliese: "*Garçon*, un altro *attaché* con ghiaccio".

Perché col cazzo che il popolo è sempre innocente

Mia zia Anna mi aveva cucito una sorta di bandiera attaccando su una federa bianca la stringa di una scarpa. Ne conseguiva una specie di "V" nera, il simbolo della Virtus Bologna, la squadra per cui tifavo da bambino perché vinceva spesso e probabilmente perché ignoravo l'esistenza dell'altra, la Fortitudo, il fronte bigotto di una rivalità al cui confronto Homer Simpson ama Ned Flanders, Juve e Toro sono in rapporti di fraterna amicizia, Olp e Mossad sorseggiano aperitivi nella striscia di Gaza sui divanetti dell'"Allah Al Bar".

Li avessi conosciuti, probabilmente sarei finito "di là". In una curva decisamente più ironica, più laica, più calda. Gente capace di irridere gli avversari con una gigantesca "V" rosa composta da centinaia di culi, veri culi, che coprivano una curva intera. Tifosi che prima di vincere tutto avevano come grido di battaglia il coro: "Non abbiamo mai vinto un cazzo". Zero fascisti, almeno allora. I virtussini di un tempo erano altoborghesi, "Bolobene", come si dice oggi. Ora li considerano estremisti pure a Forza Nuova.

Sventolavo il piccolo drappo già all'età di nove anni sulle panche del cosiddetto Piccolo Madison, il palasport di piazza Azzarita, una gradevole astronave che sembrava e sembra il bonsai del PalaEur, o come accidenti si chiama ora il palazzone romano disegnato dall'architetto Nervi. Un posto figo, con le panche in legno nobile, le luci sul soffitto che scaldavano il parquet, il tabellone pieno di lucine colorate, il bar con la pizza gommosa e dolciastra che dava un senso all'uscita di casa. Un salottone nel quale evoluivano giganti fasciati da microscopiche divise in lanetta anni settanta, coi pantaloncini quasi a mo' di slip. Era come vedere i Village People dopo un'overdose di ormone della crescita.

Li guidava Dan Peterson from Evanston, Illinois: 170 centimetri scarsi, un riporto parabolico, pantaloni a zampa d'elefante, onesto mestierante negli Usa, semidio dopo aver varcato l'oceano. Del basket, e del tè freddo.

Ci portò a vincere uno scudetto nonostante un grave handicap fisico. Non gli stivaletti col tacco preberlusconiano (i cosiddetti Bitols, scritto proprio così) ma il braccio attaccato al gomito, una curiosa défaillance* che gli impediva sempre e comunque di raggiungere il portafogli nella tasca. Ogni lunedì si faceva accompagnare al cinema dal suo viceallenatore e gli prometteva che avrebbe offerto lui. Tutte le volte si presentava al primo spettacolo, quello del pomeriggio, con una banconota da 100.000 lire, che ovviamente la cassiera non aveva possibilità di cambiare. "Pago io lunedì prossimo" (ad libitum**).

Il 19 aprile 1981 avevo tredici anni.

Ho ricostruito la data perché quel giorno esordiva in Nazionale, appena in tempo per essere venduto al Toro, il regista del Bologna: Beppe Dossena. Cosicché sul pullman che ci portava verso Cantù, una specie di immenso mobilificio con uso abitativo, dentro a un prefabbricato che fungeva da palasport ma sarebbe andato molto meglio come mattatoio numero 1, al cospetto di una tifoseria che se avesse saputo leggere e scrivere, proprio come quella di Varese, avrebbe probabilmente vergato in prima persona le leggi razziali... su quel pullman, ascoltavamo la radiocronaca di Italia-Germania Est, dal "Friuli" di Udine, non ancora ribattezzato "Dacia Arena".

(Non sta sui coglioni anche a voi il rebranding[***] degli stadi? Non vi dà fastidio soprattutto la parola *rebranding*? Non vi viene ogni volta la tentazione di fare un rebranding che associ nostro Signore e un popolare animale da compagnia?)

Intorno, un afrore di cannabis piuttosto invadente. Lo stesso che avrei odorato l'anno successivo inseguendo due denari in giro per le campagne, su un pulmino sgangherato guidato da un tizio sempre fumato, cercando di piazzare cerotti che non attaccavano e schiumogeni per water che probabilmente hanno distrutto per sempre l'ecosistema dell'intero Mediterraneo.

Sparsi per il pullman, tizi alticci. Nessuno della mia età. Non una faccia conosciuta. Eppure mica mi dispiaceva. Mi sentivo grande, in qualche modo protetto dal gruppo. Percepivo la logica del branco, una sorta di testuggine a copertura di ogni mia inadeguatezza adolescenziale. Non c'erano compagne di classe che calavano interi mazzi composti solo da due di picche, non c'erano tizi che ti sfottevano al campetto perché più forti nell'antico giuoco del pallone, non c'erano professori pigri che profittavano del riflusso post-sessantottino per menare i deboli e ossequiare i forti. Non c'era niente, in realtà. Ero solo su uno degli ultimi sedili di un torpedone sgangherato e borioso. Ma mi affascinava.

Il grosso mezzo si fermò a un autogrill subito dopo il Po, credo Somaglia Ovest. Scendemmo per quella che sembrava una sosta fisiologica. In breve mi trovai al centro della razzia. Brioche, patatine, noci di prosciutto, forse anche qualche peluche[****] canterino, tutto sparì in un amen senza che gli addetti, evidentemente abituati, opponessero la benché minima resistenza. Guardavo sgomento. Poi, uscendo, uno degli energumeni mi passò un panino. Col salame. Ne ricordo perfettamente il sapore, come di tutte le pietanze che collego a un malessere, come l'emmenthal di plastica che mi obbligarono a mangiare alla scuola materna, che vomitai, e che mi impedisce di avvicinare qualunque tipo di formaggio. Quel salame era buonissimo. E io ero complice, perché ero stato zitto. Anzi: avevo partecipato.

Perdemmo di 29 punti, e al ritorno, col codone tra le gambone, nessuno si sentì forze bastanti per ripetere la bravata. Arrivato a casa ne parlai con mio padre. Disse "mai più". Partì con un pippone affascinante su quando mangiava bucce di patate, prigioniero dei nazisti, e quasi lo ringraziai di non avermi passato per il bastone della scopa. Nel suo italiano claudicante, zeppo di bolognesismi, mai nemmeno lontanamente apparentato con la retorica, mi spiegò che bisogna accettare le conseguenze di quel che si fa. Che la massa non è una scusa. Che quel panino me lo dovevo comprare a rischio di passare per traditore: "Cosa ti ho dato i soldi a fare?". Avevo tutte le attenuanti del mondo – la sintesi – ma ero colpevole.

Quel piccolo sandwich mi torna in mente ogni volta in cui, come in una sorta di Maggio francese a marcia indietro, quelli che sono coinvolti si sentono assolti, e ad assolverli sono sempre quelli che ne hanno mandato le coscienze al massacro. I buonisti, i buoni in genere, i coglioni secondo una diffusa onda culturale, e colturale, rappresentano l'alibi che gli imprenditori della paura, siano essi giornalisti, politici, economisti cui nessuno in grado di intendere e di volere affiderebbe neanche una giocata alla Sisal, usano per ragioni di lucro personale. E gli altri, coloro che li lasciano lucrare, inalberano per rivendicare il loro nazismo dell'Illinois senza manco l'Illinois.

Come diceva Stiglitz, o forse era Heidegger: "Se tifi per la morte di un essere umano, se il Dolby Surround ti pare un diritto non negoziabile e salvare chi migra no, se vuoi fare il cazzo che vuoi ma gli stranieri vanno ingabbiati solo perché esistono, se le nostre donne significa che ce le dobbiamo stuprare noi, se in fondo i froci, quando li prendono a mazzate, se la sono cercata, se quando c'era lui, caro lei, se gli ebrei, magari gasarli no però se li odiano un motivo c'è, se Carlo Giuliani poteva starsene a casa sua, se lo striscione su Giulio Regeni togliamolo perché era una zecca rossa, se Sanremo l'hanno fatto vincere a un negro invece che a uno dei nostri, se gu-gu-gu, se 'e allora il Pd?', se 'i pakistani ci fanno concorrenza sleale, col cazzo che pago le tasse', se 'prima gli italiani ma la fabbrica ce l'ho in Romania', se 'il reddito di cittadinanza vado a ritirarlo dopo il lavoro in nero', l'ipotesi che tu sia un irrimediabile pezzo di merda, e questo a prescindere dai tuoi studi, dalla tua cultura, dalla tua condizione sociale, è molto più che una certezza".

È che ognuno di noi si sceglie un pullman che lo protegga. Il che è molto umano, antropologicamente inevitabile, ma – alla fine – anche molto malavitoso. Decidiamo una categoria, una famiglia, alla fine una cosca, e di volta in volta ci affidiamo ad essa perché ci copra. Equipariamo i nostri diritti ai nostri privilegi solo perché sono in tanti a richiederli, e speriamo di fare cassa. Cerchiamo una coperta per il risentimento, cosicché, quando la Storia la strapperà via, potremo guardarla volare senza sentircene parte. Piccola o grande che sia.

Ogni volta che vedo *Mi manda Raitre*, dopo dodici secondi sto dalla parte del magliaro. Voglio dire: hai comprato su Facebook un iPhone a 12 euro perché pensavi fosse "caduto dal camion" e non te l'hanno recapitato? Saranno tutti cazzi tuoi. E i "truffati dalle banche", per carità, avranno ottime ragioni. Ci sono sicuramente anziani cui hanno fatto firmare clausole in grigio chiaro, scritte in cirillico, corpo 8, però davvero pensavi di speculare nei "Paesi emergenti" e guadagnare il 6000 per cento sulle spalle di un ragazzino che ti cuce il maglione da 99 centesimi? Quel tipo che sembra Marzullo e parla di vivere fino a centovent'anni in tv, i tizi che svelano numeri certi sul Lotto soltanto a te, ma col numero in sovrimpressione per far chiamare tutti, il misterioso signore africano che ti vuole regalare milioni di dollari con un'e-mail... ci sei cascato e lo rivendichi pure?

Dice: ma il problema sono gli strumenti culturali. Se qualcuno si gioca una fortuna al Lotto, peraltro gestito dallo Stato – può causare dipendenza patologica, ma te lo dico solo a fine spot, alla velocità della luce, con un concerto degli Iron Maiden in sottofondo –, è perché non è in grado di capire il gorgo nel quale precipita. Il che è vero. Ma egli vota. E siccome il suffragio universale è il peggiore dei sistemi a parte tutti gli altri, come diceva quel noto comunista di Winston Churchill[*****], e siccome la democrazia è un processo non negoziabile e irreversibile, grazie a Dio, non vedo perché dovrei provare pena o comunanza per chi vota Lega, Cinque Stelle, Berlusconi prima, Renzi e gli 80 euro dopo, chiunque insomma gli proponga un voto "caduto dal camion" che con una crocetta lo monderà di tutto, ma solo a lui, come san Gennaro in quel miracoloso sketch della Smorfia in cui Lello Arena e Massimo Troisi si contendevano la grazia di un terno secco.

Occhio però, non mi chiamo fuori. Sulla corriera c'ero e talvolta ci sono anche io. Io che quando sono ciclista odio i pedoni che invadono la ciclabile. Che in auto odio i ciclisti che esondano dalle piste loro dedicate. Che da pedone odio quasi tutti, ma poi mi lancio ad attraversare col semaforo rosso perché non c'è nessuno. Che in treno mi attacco al telefono, mi dimentico quasi subito di tenere un tono di voce decente, e poi do di matto perché quello di fianco conversa con un interlocutore lontano che, per volume emesso, potrebbe sentirlo anche senza interposto smartphone. Io che scambio, come tutti, spero senza sistematica malafede, il privilegio col diritto inalienabile.

Guarda caso mi sono venuti solo esempi che attengono alla mobilità. Che è volatile. Facciamo la cazzata e – *puff!* – siamo altrove. Vediamo e pensiamo di non essere visti. Ci sentiamo su un pullman tutto nostro, parte del branco giusto, sempre e comunque. Armati, pure. Cosicché l'auto in sesta fila, le corna al tizio che ci ha tagliato la strada, il parcheggio al posto disabili (cose che non faccio, ma tempo fa ho tirato un pugno allo specchietto di una tizia che sostava su un incrocio e aveva reagito al mio clacson col dito medio) diventano una sorta di proiezione fisica di quel che combiniamo sui social. Dove la nostra identità, vera o farlocca che sia, si spegne non appena appoggiamo il telefono o chiudiamo il laptop. Gli stronzi sono sempre gli altri, specie perché ci muoviamo all'interno di un'altra bolla: i nostri follower, amici magari farlocchi che però siedono al momento sul nostro stesso torpedone. E tutto si potenzia, si autoriproduce, genera forza vera, come se quel che è virtuale a un certo punto facesse massa. Si mette in rete il liquame, l'ignoranza si salda ad altra ignoranza, la democrazia viene slabbrata, violentata, il diritto di parola mutilato e brutalizzato.

Finché non arriva il Casaleggio di turno, il Putin di turno, il Bannon di turno, il Farage di turno, a mettere in rete tutti i torpedoni, innesca l'internazionale del risentimento, titilla l'ignoranza acciocché diventi magma manipolabile, sparge caramelle di egoismo che seducono anche chi risentimenti manco dovrebbe averne, ma non vede l'ora di menare le mani, di asserragliarsi nella propria villetta in attesa di un romeno su cui sfogare, a pallettoni, il complesso d'inferiorità che anima tutto questo. Vellicati da figuri come l'ex ministro della Paura che invece di proteggerli dal Viminale li invitava a scegliere il modello di Beretta col quale sparare alle spalle di un nemico qualunque. Come se aver letto qualche libro in meno fosse un'onta da lavare col sangue, e non il proprio. Come se la classe sociale (o economica) subalterna andasse cancellata con un colpo di pistola, come se il solipsismo aggressivo, l'insulto su Twitter, l'aggressività verso il debole, il diverso, chiunque ti dimostri quanto stronzo sei solo con la sua esistenza, o il suo sacrificio, come quello di Silvia Romano, non a caso ingombrante per certa gentaglia di governo… come se tutto questo rendesse ognuno di noi una repubblica indipendente del cazzo proprio.

Se uno che diceva "prima il Nord" e puntava alla separazione coi terroni prende un botto di voti semplicemente cambiando slogan ed elidendo il punto cardinale, se a ognuno promette "prima gli italiani", "prima i sardi", "prima i molisani", "prima stocazzo", e quelli lo votano, siamo in presenza di due ipotesi: la prima attiene all'assenza di cognizioni spazio-temporali anche minime, giacché se sei in fila alle poste, faccio un solo esempio, non è possibile che vengano serviti prima tutti. Scoppia la rissa. La seconda ha a che fare con la malafede. Cioè: voglio credere a promesse false perché non m'interessa tanto chi viene prima, quanto che chi mi sta sui coglioni resti dietro. E chi mi sta sui coglioni manco lo decido io, fra l'altro.

C'è, in questi pullman impazziti di ultrà che corrono per la Penisola, in attesa del frontale prossimo venturo, di cui è solo da decidere il bilancio... c'è, in questa abdicazione a criteri minimi di realtà anche da parte dei cosiddetti intellettuali, i rubrichisti, le belle penne dei giornalini e dei giornaloni, pure loro fottuti dal loro ego e dalla necessità di inseguire non il consenso, ma addirittura l'unanimità... c'è, nel "prima me stesso e affanculo tutti", la vittoria dell'autoritarismo egolatrico di cui si pasce la democrazia moderna, ma anche e soprattutto l'incapacità tutta italiana di proporre un modello culturale alternativo che non sia la parodia di una guerra per bande anche nel campo culturale che dovrebbe opporsi.

Indossate una mascherina e guardate il campo della cosiddetta Sinistra. Un partito che sopravvive a se stesso, un leader travicello, un 5 per cento di pasdaran che odiano i loro consimili colpevoli di renzicidio, un facente funzioni dell'ex leader, il pur rispettabile Calenda che si è espulso da solo pur di avere più like e sforna partiti come fosse gnocco fritto, transfughi sparsi che prima di essere ricacciati nell'agone dal seppuku di Salvini avevano sbagliato tempo e luogo per staccarsi, una dozzina di partitini post-comunisti che flirtano persino coi fasci (Fassina, cristosanto: Fassina!) e nessuno o quasi che abbia il coraggio di dire, fare, scrivere, quattro cose di buonsenso, quattro verità da ripetere ad alta voce finché non diventano maggioranza.

Speriamo. Speriamo appunto che il secondo Matteo dia origine a un cazzo di big bang, una nuova pangea per cui i post-democristiani si fanno un loro movimento di centro, prendono i voti di Berlusconi e del suo teatrino in decomposizione, e poi si alleano con un partito che potrebbe persino chiamarsi democratico nel quale confluiscano due o tre cose, manco di sinistra, di civiltà, per cui gli ultimi si proteggono dando loro diritti e responsabilità, le tasse si abbassano a chi le paga partendo dai più poveri, l'evasione fiscale si persegue anche se si rischia qualche voto, le elemosine elettorali si lasciano agli altri, "aiutiamoli a casa loro" non si dice e non si pensa, la gente in mare si ripesca, i lager libici non si finanziano, la politica si fa in modo leale e non per lustrare il proprio ego, la parola data si rispetta e non si minaccia di mollare la politica per poi condizionarla col joystick senza manco assumersene la respònsabilità, i giudici si rispettano persino quando sbagliano, difendendosi nel merito, e non si briga per incasellarli di qua e di là nei loro organi di governo, non si spacciano dolciumi agli elettori ma, come Romano Prodi, se ne insegue il consenso chiamandoli a un minimo di maturità, coinvolgendoli in scelte anche difficili, dicendo loro la verità, non si dicono bugie rassicuranti, non si parte dalla narrazione altrui, per esempio contro l'Europa, per tarare la propria, ma si rivendica l'assenza di frontiere in modo chiaro, diretto, nonché mille altre piccole sciocchezze, programmi di minima, valori piccini che molti elettori condividono e non sentono più pronunciare da nessuno. Col risultato che gli "altri" plasmano i propri a immagine e somiglianza della leadership, arruolando anche gli ex grillini che il Pd aveva regalato a Casaleggio Associati, e gli elettori per così dire progressisti non plasmano un bel nulla di chi li rappresenta. Col rischio di mutare il dna politico. Col rischio di diventare la parodia a babbo morto del Psi di Craxi, il quale si gonfiò come un batrace alla ricerca dell'onda lunga e finì con lo svuotare una casa che da quel momento in poi non è più stata abitata da nessuno.

A costo, ed è il minimo, di sentirsi chiamare buonisti.

E di rispondere, volendo: "Buonisti un cazzo".

Legenda per Toninelli

* Handicap.
** All'infinito, tipo i tempi della tua laurea.
*** Cambio del nome.
**** Lucio Dalla.
***** Centravanti del Chelsea.

Perché col cazzo che non siamo tutti Gretini

L'adolescenza è una terra straniera in cui gli eccessi di sebo e ormoni si combinano con esiti quasi mai soddisfacenti. Un territorio complesso nel quale essere "gender fluid", per esempio, è sempre stato un comportamento diffuso, ma di cui un tempo si temevano gli esiti sociali. Alzi la mano chi non ha mai sperimentato almeno un limone con figure del proprio sesso. Così poche? Sembrate quelle platee in cui si chiede chi ha votato Cinque Stelle e tutti si nascondono dietro le tende. Talvolta davanti. In quel caso sono l'ex sottosegretario Carlo Sibilia.

L'adolescenza è una formidabile macchina da letteratura. I romanzi di formazione possiedono più variabili che una formazione del Milan (o altra squadra in evidente difficoltà al momento in cui leggerai queste righe) e abbracciano pressoché ogni antro della trasformazione da giovane uomo a nostalgico della gioventù. Quel limitar della crescita tra brillante promessa e venerato maestro – o anziano compostabile – che fa di noi i soliti stronzi di sempre*.

L'adolescenza è un enorme specchio deformante col volto di quelle che ti hanno detto no, mentre tu ti balocchi coi desideri che, scopri, altri hanno già vissuto e documentato meglio di te. Mentre inciampi in un libello della Duras, più che nel *Giovane Holden* o, peggio, in un *Piccolo principe* e vagheggi un amore ancillare. Mentre dirotti Alda Merini per abbellire la facciata delle tue sofferenze, Bukowski per bestemmiarle meglio, o il diario di Linus per contenerle, e non sai che dopo di te lo faranno Costanzo e Facebook. Fino a rendertela insopportabile. La Merini, non Bukowski. Né Linus. No, manco quello.

L'adolescenza sono gli anni ottanta, per me. Un tratto maldestro dell'evoluzione che è stato rivalutato, primo caso nella Storia, già mentre era in corso, forse per fuggire a gambe levate dagli anni di piombo, a costo di finire in quelli sospesi tra coca e gommina. La musica, cristosanto, quanto era brutta. Finta, cantata da bonone in playback pescate da Cecchetto nei peggiori bar di Caracas. E i vestiti. E i politici. E l'edonismo reaganiano. Il cinismo della superficie che copre di colori pastello il sangue degli anni settanta e le speranze tradite dei sessanta.

Si stava peggio quando si stava meglio. Anzi: si stava qui già allora. Ebbri di un lessico umano avvelenato dal Campari Orange. Con Ramazzotti nel bicchiere e nei walkman. Soffusi da un'alea di lacca che staccava pezzi di Polo mentre Beppe Grillo staccava biglietti su biglietti e riceveva la giusta remunerazione in banconote di piccolo taglio. Prima di cercarsi nuovi pubblici. E di regalarli ad altri più scaltri di lui.

C'era tutto. Una specie di prequel cui Stefano Accorsi dovrebbe offrire almeno un cocktail di scampi.

L'Italia post-bellica, casomai, era stata l'errore. Gli italiani brava gente. Le file di Cinquecento sull'Aurelia, il melone incassato lungo la riva del mare, i bimbi urticati dal sole e sbiancati dagli scarichi della Montedison (a sud) o della Solvay (più a nord). La ricerca di un vago decoro. La coscienza di classe e l'imperativo quasi categorico di cambiarla, costasse pure dolore e spavento. La Rai paternalista eppure gioiosa. Bartali e Coppi. Billi e Riva. Pavese e Liala. Il bianco e nero. Il rosso, e il nero. Il nero, Guareschi, che ricolora il rosso per ragioni di cassetta cinematografica. I leoni della commedia. I leoncini come Tognazzi e Manfredi, che erano pure meglio. Le maniche da rimboccarsi e da rimboccare al commendatore, al dottore, al mammasantissima. Sarti, Burgnich, Facchetti. Meglio: Negri, Furlanis e Pavinato. Il racconto che non si chiamava ancora storytelling. Il sacchetto dell'Autogrill e il sacco di Roma. I piccoli centri di pessimo gusto. Don Milani e don Vito Corleone. Adriano Olivetti e Luciano Leggio. Gladio e le Feste dell'Unità. *L'Unità*.

Poi qualcosa è andato storto, o ha preso velocità.

Credo sia successo esattamente nel 1980, quando Canale 5 trasmise le partite di un torneo parrocchiale per nazioni, spacciato per Coppa del Mondo del cambiamento: il Mundialito. Era vietato. Non il Mundialito, la sua messa in onda. Ma lo fecero lo stesso, con un curioso magheggio per cui si spacciava per differita la diretta. Non successe niente. Anzi, la gente era felice. Pure io. Mi sembrava il nuovo, trovavo che "corri a casa in tutta fretta, c'è un biscione che ti aspetta" non fosse, come parrebbe a un primo sommario esame, un elogio sottocutaneo alla sodomia, ma un afflato di modernità.

Da quell'estate, modernità e furbizia divennero un'associazione a delinquere di stampo reazionario. Dacché ci si vergognava almeno un po', di cotonarsi gli slip, il conto in banca, il curriculum, le amicizie, si passò alla rivendicazione. Ci risvegliammo cosmopoliti e provinciali, a difesa del nostro *backyard*. Ronald Reagan e Martufello. Tondelli ed Erica Jong. Paulo Coelho e Lara Cardella. Don Mazzi e don Tano Badalamenti. La 'ndrangheta e la 'ndrangheta. Il sacco di

Roma secondo estratto. La Cinquecento camouflage di Lapo. Le bombe intelligenti. Le bombe nelle stazioni. La maggioranza silenziosa. La maggioranza che parla. La maggioranza che urla. La maggioranza che rutta in faccia a chi aveva votato fino a un secondo prima. Il gelato gusto puffo.

L'adolescenza è quella volta che ho preso la pioggia radioattiva.

La capanna era un gabbiotto sulla Persicetana, tra la via Emilia e l'Est, lembo di pianura che unisce il vasto territorio cui potremmo, un tanto al chilo, dare il nome di Tognazzìa. Quel lembo di Emilia che si offre alla Lombardia con una venatura centrale, palindroma, che lo rende così simile al centro dell'universo mondo, al corpo della *ragassa*, alla seconda passione del posto dopo i salumi stagionati. Quattro lettere, femminile di frutto estremamente dolce.

Una cesura che incolla parti divise malamente dalla geografia politica: il Po. Non è un caso che Cremona e Bologna abbiano le stesse cartoline sulle tre "T", con la sola variabile dei tortellini al posto del torrone, in mezzo a torri e tette. Lontane come sono, si somigliano. Con Mantova a fare da terzo lato di un triangolo carnale, dove i maiali sono uno pro capite o anche di più, in una sorta di *Novecento* diesel che Bertolucci ha creato e nemmeno i mercatoni cinesi intorno alle statali sono riusciti a separare. Almeno non del tutto.

La capanna faceva, e fa, le crescentine, anche oggi che, grazie a un rapporto (all'epoca, credo) fantasioso con la fiscalità, è diventato un saldo edificio in cemento armato che presto potrebbe tramutarsi in un bosco verticale con la sugna al posto degli alberelli, quelli che a Milano vengono tosati da appositi filippini acrobati.

Le crescentine, per chi pronunci la "z" in modo normale, senza mettere la lingua tra gli incisivi, come facciamo noi e Jovanotti, cioè non sia cresciuto "dando il tiro" invece che aprendo il portone di casa, sono la variante bolognese del noto serbatoio di strutto comunemente denominato gnocco fritto.

In realtà andrebbe specificato "crescentine fritte", dato che si tratta della versione *cholesterol powered* di un altro companatico lievitato che molti chiamano tigella. Sticazzi, certo. Per questo vi risparmierò, anche se mi chiamo Bottura, cognome utile per avere un buon tavolo quando prenoto al ristorante, e per ricevere qualche sputo nel piatto quando scoprono che non sono io, la lunga disquisizione su come lo stesso alimento, nell'Italia dei campanili e del #primaquesto-primaquello, cambi nome ogni 12 centimetri: crescentina, gnocco fritto, torta fritta, piada fritta... sempre lì siamo. Nell'imminenza di un infarto al miocardio.

La capanna era il posto che stavamo raggiungendo insieme al mio amico Leo, maestro di cerimonie nell'approccio da discoteca, kamikaze del corteggiamento spiccio basato sulla richiesta/offerta di sigarette, teorico e pratico della celebre massima napoletana "il cazzo non vuole pensieri". Il padre, professore, *physique du rôle* alla D'Alema, assertore dell'onda lunga craxiana che si sarebbe rivelata maròn e puteolente, voleva che suo figlio facesse il politico. È un vigile del fuoco. E io ne ringrazio la direzione ostinata e contraria perché è tra i pochi amici che ho. Uno che non te la mena se ti lamenti del lavoro, che magari è consistito nell'incassare un no risentito da Melissa Satta, cose tipo "questa battuta non la dico e se insisti chiamo il mio agente", anche se dovrebbe, perché la sera prima, lui, è andato a estrarre resti umani da un'auto accartocciata in un fossato. E avrebbe tutto il diritto di, con licenza, mandare a cagare me e soprattutto Melissa Satta.

Leo possedeva una Vespa 50 verde bottiglia vuota, Primavera, non Special, senza targa e senza ripresa, con la frizione manuale in mollica di pane, comunque di gran lunga preferibile al Tomos di fabbricazione jugoslava che mio padre aveva estratto allo scoccare dei (miei) quattordici anni dal cilindro della miseria più totale.

Costituiva, la Vespa di Leo in particolare, quel modello in generale, una sorta di monumento all'italica permeabilità delle regole. Constava infatti di una sella in finta pelle a due posti, ma era severamente vietato andarci in coppia. Un divertente cortocircuito semovente, parente stretto della doppia striscia continua, il più plastico dei monumenti tricolori alla totale ignoranza della segnaletica orizzontale. All'estero funziona così: striscia tratteggiata, sorpasso consentito. Striscia continua, no. In Italia invece è: striscia tratteggiata, sorpasso obbligatorio anche se c'è uno in direzione opposta e si rischia il frontale. Striscia continua: sorpasso consentito. Doppia striscia continua: vabbè, dai, un'occhiata prima di passare forse la do e potrei persino mettere la freccia.

La doppia striscia continua è una sorta di "t'ho detto de no!" che nessuno ascolta.

Ovviamente sulla Vespa verde di Leo eravamo in due. Sbracciati. Manica corta e zazzere al vento. All'epoca la rete non trasmigrava ignoranza alla velocità di adesso ma sapevamo ugualmente quel che era accaduto la notte prima, o forse settimane prima, va' tu a capire i sovietici, e cioè che erano state messe le basi per una serie tv su Netflix. *Chernobyl*. Avevamo entrambi letto o sentito le raccomandazioni che ripetevano giornali e tg: non mangiate verdure a foglia larga, lasciate stare i funghi, se uscite copritevi perché le nuvole potrebbero aver fatto il pieno di isotopi per scaricarveli addosso. Ma avevamo loro dato il peso che mia madre conferisce alle raccomandazioni estive: esce verso l'una, senza aver bevuto alcunché, e l'unica frutta che assume è l'arancia dello spritz.

Giunti all'altezza di Calderara, un luogo sospeso tra il nulla e il niente, senza un accidenti di posto in cui ripararsi, nei pressi di un cancello oltre il quale addestravano i cani per l'*agility*, sorta di obbedienza dinamica, tipo la conduzione di *Quinta Colonna* su Rete 4, il cielo divenne grigio come un tweet di Fassina. Dopo circa otto secondi eravamo fradici, zuppi nelle nostre polo a maniche corte. Consapevoli del fatto che ci stavamo probabilmente regalando una radiografia gratuita, ma ebbri di quella adolescenza che tutto scolora e tutto attutisce. Smise prestino. Raggiungemmo la capanna. Allora non avevo ancora incrociato gli occhi di un maiale trascinato al mattatoio (non dal vivo, era sull'*Espresso*, in un servizio sui mattatoi, e sembrava dicesse: "Allora? Cazzo succede? Non fate scherzi") e non ero vegetariano. Deglutimmo l'equivalente suino di una directory su YouPorn. E ce ne dimenticammo.

Se questa storia fosse un qualunque programma di Giletti, che intrattiene lo stesso rapporto con la verità che il sottoscritto intrattiene con la bilancia, su cui salgo sempre con un piede e mezzo, adesso scriverei delle atroci sofferenze con cui sto lasciando questo mondo. O racconterei di come Leo attualmente venga utilizzato dai congiunti come lampada notturna. Invece sto bene, e lui pure. Ma quel pomeriggio di domenica, un giorno dopo il botto, mentre da qualche parte in Ucraina la gente assorbiva la morte nella fusione a caldo della Guerra fredda, promisi a me stesso che avrei fatto qualcosa di importante, di unico e di grande, per il pianeta.

Mentivo.

Poi, certo, votai al referendum per l'acqua pubblica. Faccio la differenziata, pur nominando divinità di vario genere. Ma all'età di Greta Thunberg, pronuncia Tamberi, come il nostro saltatore in alto, non facevo differenziata nemmeno per le cotte che mi prendevo. Ed è per questo che oggi mi mette allegria ogni volta che appare. So che nello stesso identico momento uno stronzo s'incazzerà. E sorrido.

Greta ha tutto per dispiacere all'italiano medio.

È giovane, e questo è un Paese che i giovani li schifa. A cui chiede di aspettare. Ai quali persino "da sinistra", quasi che la cosiddetta *gauche caviar* non vedesse l'ora di dimostrare che sì, esiste davvero, si intima di tornare a studiare, prima di parlare. Con un atteggiamento baronale che è purtroppo tipico di chi ha rotto l'ascensore sociale decenni fa. E se ne vanta.

Poi è donna. E anche questo facilita la derisione. Si fosse chiamata Bjorn, ci sarebbero comunque andati meno pesanti. Così mostrano più compiutamente la loro invidia del bene.

Ed è affetta da sindrome di Asperger.

Quando è andata all'Onu, le hanno riservato un'attenzione pornografica. Le hanno vivisezionato gli sguardi. Hanno messo in relazione l'occhiataccia a Trump – forse incidentale – con un che di luciferino. Hanno visto il male nel bene, e viceversa. L'hanno trasformata in una bambolina vudù. Chi fermandosi in superficie, chi abbeverandosi alla consueta fonte del cui prodest. Chi c'è dietro? Perché Bill Gates la sostiene e addirittura si permette di fare il filantropo? C'entrerà mica Soros? E gli ebrei? E i Savi di Sion? Il piano Kalergi! La massoneria! I Pooh!

L'Onu, o quel che ne resta, è l'ultimo residuato post-bellico nel cui sottoscala alberga un po' di utopia. Un incidente della Storia sopravvissuto, tra mille colpi di tosse, alla memoria della Seconda guerra mondiale e di quanto, quando eravamo tutti sovranisti, ci fosse la curiosa e pervicace tendenza a spararsi addosso.

La ragazzina con le trecce ci dice quel che avremmo potuto essere, che forse siamo stati, e non desideriamo essere più. Per questo è così schifata, sotto la linea delle palme. Se lo specchio ti restituisce deformato, non lo sopporti. Dai la colpa a lui.

A Greta non si perdonano principalmente la speranza e il tempo per realizzarla, oltre all'aver in qualche modo sanato una vacanza, bypassato la convenienza, essere diventata voce confusa di chi magari manco se ne accorge, che il mare gli ha portato via altri cento metri di bagnasciuga, a meno che non arrivi mesto e trionfante in piazza San Marco. Allora chiede cosa fa lo Stato. Cioè lui. Che mangia triglie ripiene della stessa plastica che aveva cacciato in mare poco prima.

Greta ci rappresenta nonostante noi.

Senza scomodare *I vestiti nuovi dell'imperatore*, lì siamo. Con la differenza che, almeno in Italia, il re risponde tronfio che no, è vestitissimo, e che il potere forte sta nel dito di chi indica.

Ma sono abbastanza tranquillo, meno sereno di un tempo, ma non per questo stanco: che i "gretini" vincano o no, che vinca o meno la "giovane ragazza felice in attesa di un meraviglioso futuro", come l'ha definita l'anziano *pellearan-*

cione della Casa Bianca, quando avremo perso tutti, avranno perso pure loro.

Lei, però, sarà stata molto più simpatica e coraggiosa.

Legenda per Toninelli

* Citazione di Arbasino**.
** Figura centrale del Gruppo 63***.
*** Numero che viene dopo il 62 e prima del 64.

Perché col cazzo che non possiamo sentirci cristiani

Se c'è una cosa che detesto, nei rari casi in cui mi capita di ricevere qualche riscontro alle mie piccole e povere cose, è quando mi dicono "certo che però sei un po' stronzo", sorridendo, e credono di farmi un complimento.

Il nostro vocabolario ci riflette. E non ci deforma: siamo così.

"Furbo", nel senso di furfante che ce la fa, è solo italiano. "Figlio di puttana" solo da noi può essere considerato un insulto, al massimo, solo alla mamma. Che altrimenti sarebbe una santa. Abbiamo addirittura esportato in Francia "bravo" che, come sa chiunque abbia subito la lettura coatta del mattone manzoniano, aveva in origine una valenza intimidatoria.

In realtà, più che altro, cerco di essere gentile.

Ricerco la gentilezza degli altri. E nella mia, di gentilezza, contemplo il dire quel che penso, quando si tratta di cose aperte al (raro) pubblico, con una certa sincerità. Vado dritto. Taglio le curve. Non riesco a contenere il sarcasmo. Spesso poi me ne pento. Ché nel privato sono quasi sempre un bocciuol di rosa, al limite della coglionaggine. Limite, poi.

Forse perché sono sempre stato fortunato, perché mi sento in debito. Perché ho fatto il lavoro che sognavo con la sola raccomandazione di un funzionario cortese. Perché sono finito per caso dentro un giornale che era il punto d'arrivo di una generazione, segnalato da un caporedattore che aveva pietà della mia cassa integrazione. Perché ho cominciato a fare la radio grazie al direttore della sede Rai Emilia-Romagna che prese un mio progetto senza manco sapere chi fossi, lo girò all'allora direttore di Radiodue, e due mesi dopo ero in onda. Così. Roba che neanche in un film di Frank Capra.

E anche i calci in culo che ho preso, dopo, anche quelli più dolorosi, fossero figli dell'egolatria[*] altrui o semplicemente di un qualche direttore cui non piacevano le mie cose, alla fine li ho sempre elaborati come il prezzo che si paga a essere cani sciolti. I cani sciolti sono liberi, ma mangiano un po' più di rado.

Però io non sono e non voglio essere stronzo.

Al massimo, io sono Furio[***]. Il rompipalle indomito. Il precisino inutile. L'esteta della fricassea di maroni altrui.

Ma sono un Furio percepito, più che reale. Nel senso che in un posto appena meno cinico, o almeno nel quale il cinismo non fosse un valore così consolidato, risulterei probabilmente, al massimo, un tizio un po' fissato con le regole. Non tanto, anzi: quasi per niente, per un afflato positivo verso le gerarchie. Al contrario: per una sorta di immotivata fiducia nel genere umano grazie a cui un equilibrio tra il proprio principale orifizio e quello di tutti in realtà è plausibile, oltreché auspicabile. Appena assecondato da quattro norme di pubblica utilità.

Sono uno che per le ovvietà paga il dazio della rottura di coglioni. Degli altri e, di riflesso, mia. Dallo scontrino che chiedo alla fattura che rilascio. Sono quello che nell'area silenzio dei treni chiede silenzio. Il cretino che ti dice di smettere di fumare nel sotterraneo della stazione, e tu gli rispondi: "Sono cazzi tuoi?". Una volta mi successe anche con una tizia molto truccata, molto aggressiva, molto tabagista. Stava con Giuli, quello di *Libero*. O almeno credo. Mi guardava basito.

Sono quello che si fa irridere sui social dicendo che le tasse si pagano. Sono quello che il pass per disabili della mamma lo usa solo con la mamma a bordo, e s'incazza con chi ne fa un adesivo per parcheggiare dove gli tira. Sono quello che rischia la vita mandando affanculo i tassisti abusivi. Che rompe le palle al tizio dell'anagrafe che dà del lei a tutti e del tu solo agli stranieri. All'infermiera che dà del tu ai vecchietti perché giacciono in uno stato di subalternità. Sono quella roba lì, perché ogni tanto, tra le molteplici tranvate che ricevo in cambio del mio temperare il cazzo altrui, qualcuno mostra un lieve imbarazzo. Si rende conto che mica è normale, fottersene così tanto degli altri. Gratta quella patina di italianità della quale andiamo fieri, come tanti Stanis La Rochelle al contrario. E io mi sento un po' meno solo nella mia piccola, perdente, ma non così solitaria, battaglia contro i mulini a vento.

Perché siamo molti di più di quel che pensiamo.

Pensate ai Dieci comandamenti, alla bufala peraltro mirabile e a fin di bene secondo cui a un certo punto è sceso dai cieli un tizio con la barba e ha dettato a un altro tizio con la barba (poi dice che marxismo e cristianesimo si somigliano, signora mia) una torma di regole da rispettare. Dieci precetti violando i quali, anche uno alla volta, come ammoniva George Carlin, rischiavi di finire all'inferno, colà spedito, a soffrire per l'eternità, da un Signore, o signore, quando incarnato, che però ti amava. Un essere invisibile, onnipresente, ma attento solo ai cazzi tuoi, cui avresti dovuto dedicare la tua vita. In cambio di un'esistenza eterna, quando molti di noi manco sanno cosa fare di questa.

Ecco: i Dieci comandamenti non sono altro che un modico intruglio che miscela codice penale e codice civile, con l'omaggio di un'allegra divinità come figura di tutela. Se la religione è sempre stata associata alla filosofia, cioè la risposta esoterica a domande che in qualche modo rasentano le nostre vite (Chi siamo? Dove andiamo? Perché in autostrada le scritte per terra sono al contrario?), se ne è spesso trascurata la banale, diretta, valenza di garantire rapporti interpersonali senza spargimenti di sangue. Un modulo blu scolpito su roccia.

In questo gli islamici sono stati più precisi e più ostinati: la sharia quello è, perfettamente adeguata ai tempi in cui fu concepita. Quindi poco a suo agio con la modernità, se togliamo i video su YouTube con le decapitazioni, che sembrano montati da un parente musulmano di Quentin Tarantino. E quello sono i comandamenti, in nuce, perfettamente *en pendant* con l'era storica che li generò. Quella per capirci prima del Medioevo e poco dopo un qualunque Family Day.

Di più: se togliamo quasi del tutto quell'ottimo fantasy che è l'Antico testamento, la morte e la resurrezione, le madri vergini, le moltiplicazioni dei pani e dei pesci, le passeggiate sulle acque, l'assunzione in cielo a tempo indeterminato e senza versamento di contributi, Padre Pio, le madonne che lacrimano, Padre Pio secondo estratto, le Crociate, i crucchi che sterminano col pretesto del dio al loro fianco, e qualche altro migliaio tra dogmi ed episodi che sembrano usciti da un episodio di Harry Potter scritto da J.K. Rowling dopo aver esagerato con la Guinness… se togliamo tutto questo, i Dieci comandamenti rappresentano l'embrione commendevolissimo****** di uno Stato laico.

Anzi, di una comunità laica di cui non sarebbe manco male far parte. Magari rileggendone un filo gli enunciati a fronte di duemila anni durante i quali, dalla scoperta dell'America a quella del Bluetooth, dall'impero carolingio a Carlo Conti, da Sigmund Freud ai risvoltini, qualcosa è cambiato.

Per esempio…

1. "Non avrai altro dio all'infuori di me."

Rappresentava, all'epoca, una banale scelta di marketing. Gli dèi venivano via a manciate, come i servizi governativi di un qualunque *Tg1*. E serviva un unico totem senza penne cui rendere omaggio, cui mostrare rispetto, un garante, appunto. Tipo Grillo, ma senza il blog. Una via di mezzo tra un radical chic e gli associati di Casaleggio Associati: un'entità apparentemente non verificabile ma che, con la sola presenza nella ragione sociale, incutesse un certo timore reverenziale. Eravamo bestie, occorreva un controllore immanente. Oggi potrebbe diventare… aspetta, no: "Non avrai altro dio all'infuori di te" è non tanto eccessivo, ma banale. Siamo l'esercito del selfie, il credersi – non l'esserlo – al centro di ogni nostra necessità costituirebbe una banale constatazione. E poi l'individualismo sfrenato in fondo è proprio il collante di questo popolo di sudditi inconsapevoli, proletari veri o immaginari che barattano i diritti di tutti inseguendo il proprio effimero privilegio. No, dai, facciamo una cosa laica ancorché un po' verbosa*******. Tipo…

“Non avrai altro dio all’infuori di quello che ti scegli. Ma già che ci siamo, puoi anche scegliertene più di uno. Tanto mica esistono.”

2. “Non nominare il nome di dio invano.”

Se il rapporto causa-effetto, cioè peccato-punizione, previsto dal cattolicesimo fosse reale, al posto del Veneto ci sarebbe un grande parcheggio. La giustapposizione tra Nostro Signore, mamma sua, e un discreto numero di animali da cortile, rappresenta una costante delle zone più produttive e, casualmente, più religiose del Paese. Ergo, nominare il nome di dio invano non osta alla fiducia nel medesimo. E proprio quello, probabilmente, è il punto. L’errore sta nel chiamare in causa con efferatezza qualcosa per il quale si nutre una generica devozione, sostanzialmente un timore beghino, una roba che confina da vicinissimo con la superstizione, senza essere disposti a un minimo di conseguenzialità comportamentale. Cioè: se ti professi cattolico, ti devi prendere il pacchetto completo dei “nostri valori”, come berci ruttando quando aggredisci uno straniero a caso durante un programma di Mario Giordano. Perché tra i “nostri valori” c’è anche l’accoglienza del diverso, la tutela dell’ultimo. C’è il buon samaritano, non il cattivo Salvini. Semplifico: se leggi *la Verità* o *Libero*, se sei d’accordo con le sciocchezze razziste di un qualunque talk show sovranista, se dici “aiutiamoli a casa loro” ma in realtà pensi “’sti negri di merda”, hai comunque diritto a esistere, perché siamo in democrazia ed esiste persino *Pomeriggio Cinque*. Ma proprio a te è dedicato il comandamento che sostituisce “Non nominare il nome di dio invano”.

“Almeno non essere ipocrita.”

3. "Ricordati di santificare le feste."

Questo comandamento è fortemente a rischio Di Maio. Cioè: è a rischio che Di Maio e i suoi, com'è già successo, lo prendano a pretesto per impedirti di comprare il latte alla domenica, sperando di incamerare al contempo qualche consenso tra quelli per cui la tradizione è mettersi il vestito buono alle 11 del dì di festa e poi sticazzi dell'universo mondo. All'epoca in cui fu concepito, però, gli ipermercati ancora non esistevano. È perciò più verosimile che la ratio fosse quella di generare controllo sociale (o, a volerla vedere con indulgenza, armonia nel popolo) concedendo valvole di sfogo utili principalmente alle classi meno abbienti. Cioè: sei schiavo, ma almeno la domenica ti fermi. Proprio come il tuo padrone ultraterreno, quando si dice il caso. E intanto corrobori la fiducia in lui. Col risultato che lo schiavo restava schiavo e la divinità consolidava la propria quota di mercato. Oggi, la dinamica che si vorrebbe concedere ai cassieri e alle cassiere non è diversa: stipendio sempre modestissimo, mobilità assoluta, lavoro usurante, lettere di licenziamento firmate in bianco. Ma almeno la domenica puoi andare a messa. Il sovranista/grillino, normalmente, contrappone a queste argomentazioni il fatto che nel Nord Europa gli orari dei negozi siano infinitamente più parchi. Ma nel Nord Europa gli orari di lavoro di tutte le categorie sono molto ridotti, gli stipendi più alti, lo stato sociale un gioiello. Questo perché, nel Nord Europa, pagano le tasse. Il comandamento "Ricordati di santificare le feste" viene perciò sostituito da…

"Ricordati di santificare l'Irpef."

4. "Onora il padre e la madre."

Non so voi, ma quando mi collego a Pornhub, normalmente escono dal Mac una passatoia rossa e due transenne di quelle che delimitano l'area vip.

Come forse saprete, queste attività, per destare maggiore soddisfacimento nell'utente, contemplano l'identificazione con i protagonisti della performance ispiratrice. Cosicché, faccio un caso di scuola totalmente slegato dall'esperienza personale, il navigatore ricerca principalmente supporti audiovisivi nella propria lingua di elezione.

Con la "r".

Qualora vi capitasse di digitare la chiave "italiano", in un contesto del genere, vi stupirebbe constatare il numero di prodotti della fantasia contenenti le parole "padre", "madre", "patrigno", eccetera, peraltro già presenti in forme più lievi in certa cinematografia soft degli anni settanta e persino nella saggezza popolare: "Non c'è cosa più divina che trombarsi la cugina".

Prima di essere accusato di blasfemia, anche se ormai mi sa che è tardi, ci tengo a precisare che la constatazione inerisce[**********] all'allegro mondo delle contraddizioni di cui sopra. Perché personalmente non ho rapporti con Edipo ed Elettra, non mi sento di condannare chi li frequenti a livello di fantasia, ma mi giocherei la mamma dei cretini, colei la quale com'è noto si riproduce con allarmante facilità, che si tratti in massima parte di gente che normalmente, prima di impugnare la propria lancia, difende a spada tratta "Dio, Patria e Famiglia". Poi magari paga per trombarsi le ragazzine. Ma dei congiunti acquisiti dai discendenti del cosiddetto Duce parleremo prossimamente.

Gente che si masturba (speriamo solo) intellettualmente davanti alle dirette da Avetrana e per cui padri, madri, soprattutto figli, così, a occhio, hanno meno valore se affondati in un mare salato. Quelli che guardano il colore delle unghie delle sopravvissute. Tipi per cui, nell'espressione "delitto d'onore", la parola importante è onore. E che magari come seconda chiave di ricerca inseriscono "stupri", ché anche in quel campo siamo tra i maggiori produttori mondiali di film a tema. Gente, soprattutto, che magari va pure a delibare "trans", come terza scelta, e in questo col piffero che c'è qualcosa di male, ma intanto con lo stesso piffero, in tutti i sensi, che vorrebbe far figliare chi condivide il genere di appartenenza. Quelli terrorizzati dal gender senza manco sapere cosa sia. Basta non togliergli il bitter nello spritz.

Gente cui devo una rivelazione: c'è stato un tempo nel quale anch'io, zecca rossa, forse perché abbastanza vecchio per aver odorato l'odore di zolfo misto a incenso della chiesa rossa chiamata Pci, non vedevo di buon occhio il combinato disposto tra l'omosessualità e la paternità/maternità. Mi dicevo, col mio hardware di concezione superata, che i figli di genitori omosessuali sarebbero stati condizionati nelle loro scelte sentimentali. Poi ho studiato: non è così. Ma soprattutto, ancorché i figli di genitori omosessuali fossero stati più inclini a manifestare le stesse attitudini, dove caspita è il problema? È forse una malattia? E ancora: la pari dignità, i pari diritti, le pari opportunità tra eterosessuali e omosessuali, esattamente, a voi custodi della normalità, cosa tolgono? Non vi piace il genere (o almeno non vi piace ufficialmente, Pornhub non conta)? Non frequentatelo. Non vi piacciono altri uomini? Non fate sesso con loro. Non amate le lesbiche? Guardatele solo in video. Ma non impedite, e non dannatevi per farlo, di onorare la vita a chi desideri farlo. Dal vivo, anche senza cliccare una directory sul web. Per cui, questo comandamento diventa, appunto...

"Cerca di voler bene ai genitori. E fattene volere pure tu."

5. "Amerai il prossimo tuo come te stesso." (Questo l'ho proprio cambiato in nuce con un comandamento che mi pia-

cerebbe: "Non uccidere" mi sembrava oggettivamente non emendabile.)

L'ex ministro Fontana (una contraddizione in termini, come il travolgente Martina, l'utile Rita Pavone, il misurato De Luca) aveva ridefinito il quinto comandamento sostenendo che l'aggettivo "prossimo" identificasse la vicinanza geografica. Ossia: aiuta solo quello vicino a te. Un assunto che avrebbe senso nel mondo immaginato dai *fontana*, nel quale gli Stati sono colorati pastello come sull'atlante delle medie, coi confini ricalcati a matita per imparare i nomi, e nessuno si è mai mosso da casa sua per paura di scivolare sulla carta oleata.

In quel caso, però, Fontana non esisterebbe. Perché pure lui, come tutti noi, è nato geneticamente nel continente nero. Cosicché, qualora realizzasse la patente contraddizione, dovrebbe aiutarsi da solo. Ma non ci riuscirebbe. Neanche in uno di quei gruppi in cui ci si alza e si affronta un piccolo emiciclo: "Ciao, sono Fontana". "Ciao Fontana!" "Non dico enormità razziste da quindici secondi!" "Bravo Fontana!" "Ci portano via il lavoro!" "Stop! Rifacciamo!"

A loro, che sono i "non razzisti ma", i giocolieri della piroetta verbale, i trecartisti della tripla morale, quelli che non si alzano in piedi per Liliana Segre in quanto ebrea, che le frugano nel dna dopo essersi proclamati padani, si opponga perciò analoga moneta: "Sono razzista ma mi stanno sui coglioni i fascisti". "Sono xenofobo ma vivo bene un po' con tutti." "Sono un pezzo di merda ma non mi applico." Da cui, il nuovo quinto comandamento.

"Aiuta chi vuoi, anche nessuno, ma almeno non menarmela se voglio farlo io."

6. “Non commettere atti impuri.”

Scrivo queste righe con qualche difficoltà nella messa a fuoco perché durante il lungo periodo di catechismo pensavo che gli atti impuri fossero quella cosa praticata rubacchiando i giornaletti che mio padre nascondeva nel vecchio Atlante De Agostini di mio fratello, tra le immagini di poppute abissine targate 1961 e cartine di Paesi che non esistono più: la Cecoslovacchia, il Congo Belga, l’Italia.

Ho appreso solo in età successiva che certe pratiche potevano essere condotte in ambito sociale. E con un grado di promiscuità e relativa naturalezza che solo pochi anni prima non ritenevo possibile.

Per un periodo della mia vita ho scambiato fluidi corporei con tre lavoratrici della stessa redazione, posta poco sotto il centro della mia regione di origine, nella piena consapevolezza di tutte le mie donatrici di effimere felicità, sulle note di un’antica canzonetta che sconsigliava agli individui di sesso maschile, ove originari di quella zona, e di una specifica città posta tra Bologna e Reggio Emilia, il ruolo maritale.

Questa arriva dopo.

Il sesso è peccato farlo male, come suggeriva Roberto Antoni. È sporco solo se fatto bene, come sosteneva Woody Allen. Amare significa non dover mai dire “soddisfatti o rimborsati”, come capita a Donald Trump e Silvio Berlusconi. I quali condividono con Matteo Salvini la curiosa doppia attitudine – e il triplo mento – di chi ama così tanto la famiglia da averne costruite più copie. Il classico uomo più adultero che adulto, al quale l’ancillarità[************] garantita dalla disponibilità economica – al residence Olgettina c’è ancora una statua di Berlusconi nell'atto di aprire il portafogli – conferisce lo jus secundae noctis ad libitum.

L'ossessione per la riapertura delle case chiuse, in questo Paese a priorità autoregolante, si spiega in due modi: il primo è la volontà di subordinazione, per interposta escort, di tutto il genere femminile. Pago, spendo, pretendo. Il secondo è che vogliono aprire le case chiuse perché così, forse, riescono a uscire.

Cosa c'entra tutto questo con gli atti impuri? Con una sessualità distesa e risolta, con un rapporto appena decente con quei dodici secondi netti di felicità? Nulla, se non che gli atti impuri, vietati per figliare senza controllo, oggi sono lo zampillo dei *fontana* e dei *pillon* per sostenere che le donne sono bacate se inadeguate a sfornare figli, mentre l'uomo...

Così, il settimo comandamento diventa una cosa più semplice e definitiva.

"Non esistono atti impuri."

7. "Non rubare."

Nel 1976 la Rai scoprì il colore e uscì dalle querimonie democristiane con l'accensione, vera, del secondo canale, che non a caso divenne da quel momento il sinonimo di certe pratiche orizzontali teoricamente poco commendevoli ma talvolta non prive di fascino. Sì, quella roba possibile, secondo Aldo Busi, anche in corpo 11.

Il nuovo corso apparve a me bambino attraverso il maglione nero e il microfono a collarino grande come una pigna di Dario Fo, cacciato dalla televisione diciassette anni prima. Ricordo i miei davanti al vecchio Phonola in bianco e nero mentre esploravano curiosi *Mistero buffo*, messo in scena, incredibile dictu[************], in prima serata, da quel genio inarrestabile e canuto, quando ancora il candore a crescere della vecchiaia non lo aveva consegnato alle grinfie di Beppe Grillo e Gianroberto Casaleggio. Due dirottatori della buonafede altrui, due rapitori di intelligenze a uso e consumo del proprio ego spropositato.

La sigla di testa, quella sui guitti che arrivavano per fare spettacolo in piazza, si diffondeva nel microscopico tinello giocosa, allegra, perfetta per un bambino: "Cosa aspettate a batterci le mani?". Poi però partivano commedie crasse e profondissime. "Parliamo di donne" prendeva per il culo Mogol e Battisti, evviva. "Isabella..." metteva in mezzo Colombo, evviva. E soprattutto "Settimo, ruba un po' meno" se la prendeva con noi, con gli italioti, come da marcetta musicata anch'essa da Fiorenzo Carpi, un popolo che faceva rima e votava con costanza quelli che meglio lo rappresentavano: i ladri.

C'era, in quella canzoncina, il piccolo salto di consapevolezza del quale quasi mai siamo protagonisti, impegnati come siamo a comporre uno scarico di coscienza collettivo. È la ragione per cui i grillini consideravano inaccettabili privilegi quelli che ora, in parlamento, hanno fatto propri con fenomenale nonchalance. Quella per cui la "grande evasione" va combattuta, ma vuoi rompere i coglioni a me, e per me intendo Di Battista senior, se tengo un po' di dipendenti in nero? La stessa per cui le banche, cazzo, le banche, *vergonia!*, ma mica vorrai prendertela se accatasto una piscina come se fosse un catino e mi tengo in tasca un po' di Imu?

E per tasche intendo quelle di papà Di Maio.

Ancora oggi qualcuno se la prende coi casaleggesi perché una volta entrati nella Casta sarebbero cambiati. In realtà sono rimasti ciò che erano prima: gente a coscienza (non quella valoriale, parlo proprio di percezione della realtà) variabile, per cui ci sarà sempre un ben altro che rende possibili le proprie piccole o grandi corruzioni ad personam. Oserei dire in buonafede. Per questo, il settimo comandamento diventa...

"Almeno accorgitene, quando rubi."

8. "Non dire falsa testimonianza."

Per ragioni di opportunità, a fin di bene, a fin di meno bene, a fin di male credendo che fosse a fin di bene, a fin di male raccontandosi che fosse a fin di bene, a fin di amore, alla fine di un amore, chiunque di noi ha disseminato la propria esistenza di bugie più o meno importanti. Un bravo etologo[*************] direbbe che pure gli animali mentono, un bravo antropologo direbbe che siamo animali pure noi, un meme di Michela Vittoria Brambilla lo confermerebbe. A volerla nobilitare, ci sarebbe pure la sponda pascoliana del fanciullino: se dobbiamo tenerlo vivo, be', allora sia chiaro che caccia un sacco di palle.

Non che sia pratica commendevole, eh? Però diciamo che è come la presenza di Mauro Corona dentro un'osteria: quasi inevitabile. Un dato di fatto come la gravità, la cui gravità è però oggettivamente variabile. Le fandonie possono essere bianche o marroni, vanno messe dentro un contesto. E quando l'interlocutore della bugia sei tu, sono io, insomma, siamo noi, ecco che tutto assume un sapore leggermente più rancido. Che, pure, tocca deglutire.

Per anni, diciamo un Ventennio, per esempio, ci siamo baloccati nella favola bella che Destra e Sinistra fossero effettivamente concetti un filo desueti, anche perché andava combattuta tutti insieme la battaglia dei sinceri democratici contro la repubblica della mutanda a mezz'asta con sede a Villa San Martino. La percezione di Berlusconi come anomalia della Storia ci ha convinti che fosse normale considerare sinceri democratici anche figure che solo pochi anni prima avremmo vissuto, e con piena ragione, come l'estensione appena meno cruenta di Tambroni. Penso a Indro Montanelli che, parlandone da vivo, e prima che l'arcorismo venisse a noia persino a lui, faceva un giornale terribile. Un *Giornale*, per la precisione. Che ci pareva meno detestabile di quello dei Feltri, o dei Belpietro, solo perché scritto in un italiano più decente. Ma non era meno abbietto, in quanto a populismo post-fascista. Somigliava, forse ne era citazione, al quotidiano di *Sbatti il mostro in prima pagina.* Che si chiamava proprio così.

Che Montanelli, lo stesso Celentano... apro una parentesi, volete?

(Una parentesi)

L'impazzimento berlusconiano è riuscito nella funambolica impresa di spostare "a sinistra" persino Celentano. Che non solo somigliava a Berlusconi: è Berlusconi. Conservatore, maschilista, seduttivo, genialoide, completamente sganciato da un qualunque rapporto causa-effetto tra ciò che sermoneggia e quello che fa. Simpaticissimo, oltretutto. E quindi ancora più pericoloso.

Dalla mia esperienza al suo servizio, primissimi Duemila, il programma col quale Michele Serra mi lanciò nel mondo bellissimo e lancinante della televisione, imparai di più su di lui, e dunque sull'Italia, che in duecento libri di Renzo De Felice. Anche perché il tema era lo stesso. Di Silvio, Adriano aveva la felicità del codazzo. Ci portava a spasso per Asiago (eravamo lui, io, Michele Serra, Carlo Lucarelli, Linus, mancava solo Gianni Minà) come anche l'altro chansonnier usava fare coi suoi accoliti, magari dopo averli vestiti tutti di bianco come da celebre immagine.

Una volta, usciti dal paese, decise di affacciarsi alla finestra di una casa di campagna, per guardare dentro, dopo averci invitato a realizzare (o almeno credo fosse questo il concetto) che nella gente comune si annidano la saggezza e, anche, Dio. Oltre le persiane, c'era un signore seduto sulla tazza, intento a liberarsi del prodotto interno lordo. Era leggermente più in basso, rispetto al livello della strada. Vide spuntare quel volto, alzò gli occhi al cielo, e sospirò: "Adriano Celentano... un incubo".

Come Silvio, Celentano aveva un rapporto con la fiducia non proprio lineare. Faceva viaggiare le sue encicliche attraverso giri lunghissimi, una mano fidata via l'altra, perché apparissero sul prompter, il gobbo elettronico da cui li avrebbe letti in diretta, senza passare per il vaglio di alcuno. Neanche del correttore ortografico.

Alla seconda puntata ne declamò uno contro i trapianti di organi, anzi, contro la "predazione", ché il Signore non la voleva, in una sorta di anticipazione delle fandonie via web, dell'abuso di credulità popolare, su cui poi Grillo poté costruire la propria carriera. Una stronzata di dimensioni epocali che scatenò, fra le altre, le pubbliche contumelie di Fabio Fazio. La settimana dopo Adriano lo prese a pallate in diretta, insultandolo con una certa difficoltà espressiva ma non senza una sua agreste efficacia. Fabio mi aveva appena chiamato per andare a lavorare con lui in un programma su La7: pensavo che mi avrebbe lasciato a casa. Invece mi confermò. A far saltare tutto ci avrebbe pensato proprio Berlusconi, per interposto management di Telecom, distruggendo il famoso "terzo polo" nella culla. Era l'11 settembre 2001. Rimanemmo senza lavoro e ci rendemmo conto che il giorno successivo i giornali avrebbero parlato d'altro.

A proposito di sfiducia nel prossimo, ma anche in questo, c'è un altro momento in cui la cartapesta di granito del teologo stempiato mi apparve in tutta la sua magnificenza. Eravamo riuniti nel piccolo salotto della sua villetta, sempre ad Asiago, e uscì a fare una telefonata. Credo volesse convincere a partecipare un ospite che ovviamente non venne. Non vorrei sbagliare ma forse era proprio l'allora presidente del Consiglio, quello con la pelle arancione.

Nella saletta c'era anche Miki Del Prete, suo storico scudiero, scelto come amico (e come autore) probabilmente perché, esprimendosi in un italiano malfermo e dovendogli rappresentare eterna riconoscenza, non l'avrebbe mai tradito. Faticava a concordare una subordinata, ma ha scritto, almeno ufficialmente, quasi tutte le canzoni più celebri del fu Molleggiato.

Appena Adriano uscì dalla stanza, Miki portò una mano alla tasca. E nell'aria si diffuse un rumore che ai nostri ragazzi risulterebbe non intellegibile, ma che tutti riconoscemmo con un certo imbarazzo: quello che fa(ceva) un registratore quando si spingono insieme i tasti REC e avanzamento veloce. Voleva registrarci mentre Adriano non c'era, forse per riferirgli cosa si diceva di lui in sua assenza. Fece casino. E si scusò, goffo: "Eh... praticamente... così mi ricordo quello che dico".

Oggi il cerchio si è chiuso e Adriano Celentano scrive le sue surreali lettere al Giornale dei Giusti, diretto dal figlioccio di Indro Montanelli, un altro che per lungo tempo abbiamo creduto un sincero democratico, almeno finché Silvio

Berlusconi non è entrato nel suo studio televisivo e non gli ha insegnato ciò che sicuramente sa fare meglio di lui: la televisione.

Si è messo seduto, ha condotto per un'ora il programma di Santoro, e quelli che gli davano del picciotto da anni, dopo aver concordato con lui un patto che naturalmente ha violato (ma davvero? Ti metti d'accordo con Berlusconi e pensi che rispetti quel che ha sottoscritto?), ha sancito la propria resurrezione politica e la sconfitta elettorale, l'ennesima, del cartello della cosiddetta Sinistra.

Un delitto perfetto, magari persino casuale. Ma certo non estraneo all'ego del gatto e il gatto, M.T. e M.S., che pensavano realmente di mettere nel sacco quello che all'epoca non era ancora l'anello di congiunzione tra il botox e il fard.

Eppure pensavamo che Celentano, Travaglio, per un periodo Mario Monti, Destra a suo modo rispettabilissima ma Destra, tutti tranne Prodi che invece al confronto è Pol Pot, Che Guevara, Marx, Breznev dopo essersi depilato le sopracciglia, potessero essere in qualche modo portatori di un qualche afflato progressista. Così, abituati a definirci contro qualcuno, che abbiamo abdicato a cercare di capire cosa cazzo siamo. Pur di non ammettere in quale cantonata grande come il Ticino fossimo incorsi. Ergo, l'ottavo comandamento diventa...

"Ammetti l'errore."

Legenda per Toninelli

* Particolare affezione** per se stessi.
** No, non è una malattia.

[***] No, non Furyo. Quello era il personaggio del film con David Bowie[****].

[****] Cantante inglese da poco defunto[*****].

[*****] No, non quello coi baffoni e la canotta: quello era Freddie Mercury.

[******] Accettabilissimo, a differenza di Di Maio che fa il ministro degli Esteri.

[*******] Piena di parole[********].

[********] No, non fiumi di parole. Quella è una canzone del tuo gruppo preferito.

[*********] Confraternita di danzatori musulmani: “I nerisce rotanti”.

[**********] Sudditanza, dipendenza. Tipo te con Casaleggio.

[***********] ’Na roba in sardo. Scherzavo.

[************] No, non c’entra Eto’o. Capra.

Perché col cazzo che non possiamo sentirci cristiani – Season finale

9. “Non desiderare la roba d’altri.”

Il comunismo non è che fosse ’sta frescaccia, sulla carta. Voglio dire: un mondo tra uguali l’aveva promosso anche il capellone figlio di padre ignoto. Quella roba che gli ultimi dovevano essere primi forse è un po’ troppo hard, ma tra la servitù della gleba (o, peggio, un lavoro come fattorino di Foodora) e i mercati kolkoziani una qualche via di mezzo deve esistere. Però, ecco, c’è un problema: ha vinto il capitalismo. Ha vinto quella roba che la proprietà privata non è un furto, sempre se non parliamo del canone di Dazn, cioè la prosecuzione di Sky con un Iban differente, e la redistribuzione della ricchezza non avviene in automatico se non in presenza di un passamontagna, di una Beretta e di un eloquio diretto ed efficace.

Spiego: quando acquistiamo su Amazon la custodia con le orecchie rosa per l’iPhone 11 che ci arriverà la mattina successiva, si mette in moto un meccanismo secondo il quale un pischello al primo lavoro, o più probabilmente un tizio appena cacciato da quello che aveva, le cui giunture scricchiolano volteggiando in un capannone che comincia a Piacenza e finisce a Bombay, si fionda in un settore a caso, incarta l’accessorio in un cartone naturalmente riciclato (da un altro lavoratore vessato, forse in un luogo oscuro del mondo, tipo Tivoli) e lo spedisce alla casa del destinatario, chiudendo un ciclo lavorativo cominciato verosimilmente da un operaio unenne in una fabbrica cinese.

Per far sì che quella custodia in plastica tossica costi meno di un bianchino, è necessario che sia prodotta in un posto nel quale i diritti ce li hanno solo i diritti, in una situazione piramidale e tautologica*, una staffetta della sfiga, per cui, faccio un esempio, gli infermieri in Italia sono tutti immigrati, in Gran Bretagna sono tutti italiani, e al Polo Nord immagino siano inglesi dotati di ottime giacche a vento.

Questa cosa si chiama consumismo. Come diceva Enzo Paolo Turchi, prevede che il consumatore e il consumo in qualche fase coincidano. Se però il consumatore difende a spada tratta il proprio diritto di consumare, tentando di renderlo esclusivo ("Ecco, mò pure i *zingheri* hanno gli airpods!"), ecco che l'osmosi sociale si arresta, generando conflitto biunivoco****: la classe meno abbiente s'incazza perché le si vuole impedire di cambiare piano, quella appena più remunerata odia chi abita nel seminterrato perché teme che le venga rubata l'argenteria. Che peraltro non possiede.

Il consumo è dunque come il sesso: per far sì che funzioni, è sciocco e controproducente limitarlo. Quindi il nono comandamento diventa...

"Non desiderare che gli altri non desiderino la roba che hai tu, sennò scoppia un casino."

10. "Non desiderare la donna d'altri."

L'ultimo comandamento identifica un senso del possesso che sarà anche pre-alessandrino, quindi verosimilmente dalle parti di Ovada, ma prevede che esseri umani possano decidere direttamente del destino di familiari e/o partner. E questo risulta ovviamente non negoziabile se non nel sottoscala di Arcore o nella costituzione del casting di un qualunque programma televisivo.

Il dato più entusiasmante, però, a volerla vedere dal lato astuto della forza, è che esenta le donne dal dogma. Esse possono, o forse a questo punto devono, desiderare l'uomo d'altre. O la donna d'altre. O quel che vogliono, che sia comunque accasato/a con altra figura destinata a adornarsi il capo con escrescenze madide di cheratina.

Va da sé che questo potrebbe essere il comandamento più gustoso, quello che fa strame di certe derive sessiste della Bibbia (costole e mele, guardacaso elementi perfetti per un barbecue eterno) e ribalta i rapporti di forza sotto tutti i punti di vista: etico, spirituale, ginnico.

Siccome però non vengo giù dalla montagna del sapone, anche perché rischierei di tamponare Sibilia del MoVimento Cinque Stelle, non mi sfugge la vera ratio[*****] dell'assunto: la donna è roba, l'uomo deve tenere le mutande a posto per garantire l'armonia della comunità di cui al capo primo, comma 1 del capitolo in essere.

Purtroppo, ancorché deprivato della polvere che lo innerva, come tutti i precetti destinati a uomini che non avevano il freezer e per questo dovevano stare attenti, come ammoniscono Corano e Torah, a mangiare maiale e/o latticini, peggio mi sento se assunti insieme, il comandamento non dà agio di essere attualizzato.

Per questo, l'unica è agire come un qualunque governo italiano in presenza di una violazione: fare un condono.

L'uomo desidera la donna d'altri, nel senso di usucapione[*******] consenziente e momentanea, e la donna, che d'altri non è perché quasi sempre è – per fortuna – di nessuno, desidera l'uomo di altre, che quasi sempre, nell'arco di una "relazione complicata", viola quasi tutti gli altri nove comandamenti, da quello sul furto, a quello (sempre) sulle bugie, e probabilmente, a fronte dei litigi che si susseguono finché Lui dice a Lei che mai lascerà la moglie, soprattutto il secondo. Nomina dio invano, in un vano, all'aperto e soprattutto su WhatsApp.

Il decimo comandamento diventa perciò...

"Quando desideri il/la partner di altri, cerca di non farti beccare."

Se anche una sola virgola di quel che ho scritto ti pare, amica lettrice o amico lettore, malata di estremismo emotivo, politico, culturale (chiedo scusa per il termine). Se una qualunque argomentazione ti sembra sfiorare il malumore dei bigotti, degli ombelichisti, dei fascisti che insegnano ai progressisti come si vince, e vincono sempre loro. Se pensi che le elezioni si vincano al Centro, magari entrandoci col Suv. Se ti va di rincorrere i moderati anche se i moderati in Italia si sono estinti nel '74 e il più tranquillo della categoria gaserebbe anche il vicino di casa purché non gli parcheggi la bici sulla rampa. Se ritieni che regolare le proprie attività personali e pubbliche anche secondo canoni altrui sia perdente perché Destra e Sinistra sono categorie superate, a destra. Se passi il tempo sui social tacciando ogni opinione poco liberal e molto liberista di essere una quinta colonna di Bertinotti o di Bersani, che peraltro ha fatto più liberalizzazioni, quando era ministro, di George W. Bush. Se sei quello che non riesce nemmeno a concepire l'esistenza di gente come me, cui hanno raso al suolo la casa, che oggi non si sente rappresentato, ma mica vorrebbe invadere l'Ungheria, anela solo a una visione più laica, meno bigotta, più coraggiosa della parte politica che gli piacerebbe votare, ove fosse ancora in vita. Se pensi che la popolarità sia il solo discrimine che governa il mondo, il voto, i rapporti umani, e irridi chi sa che le idee impopolari prima di affermarsi hanno bisogno di pervicacia e coraggio. Se, insomma, sei un conformista dell'anticonformismo, mi sa che hai sbagliato libro.

Perché qui siamo tra quelli che i diritti li vogliono per tutti senza chiedere a un prete qualsiasi (magari solo a quelli giusti) di dare il timbro. Tra quelli che quando un tizio di sinistra dice qualcosa di vagamente contrario alla vulgata prevalente, si alzano in piedi battendo le mani. L'ultima volta, nel 2006. Tra quelli che ritengono anacronistici gli altri, gli ultrà del quieto vivere, i teorici dell'estremismo moderato, i grillini "di sinistra" che lanciano quintali di melma sui vicini di casa, come tanti piccoli brigatisti da tastiera.

Quelli che a Dio, Patria e Famiglia, oppongono dio, con la "d" minuscola, una patria europea, perché in una casa più grande si vive meglio, e la famiglia allargata di chi non vuole vivere frantumando i coglioni altrui perché non fanno quel che voglio io.

Quelli che, se fondassero un partito, prenderebbero il programma di Forza Italia, del Pd, della Lega, di quel che resta della Sinistra, lo mischierebbero per bene, poi lo caccerebbero nel cesso.

Quelli, infine, che di quel partito che non c'è e non ci sarà farebbero stampare manifesti con nome e slogan già pronti: "Partito Impopolare: buonisti un cazzo".

Legenda per Toninelli

* Ripetizione inutile**.

** No, non l'avevo già scritto: "ripetizione inutile" è la legenda***.

*** No, non il film con Will Smith. Quella è la leggenda.

**** A doppio senso, tipo: "Ma 'ndo Hawaii se la banana non ce l'hai".

***** Quella che gioca il derby con la Loma******.

****** Scherzavo. Volevo vedere se stavi attento.

******* Acquisto a titolo originario basato sul perdurare per un determinato periodo di tempo del possesso********.

******** Chi va via perde il posto all'osteria.

Perché col cazzo che perdere è brutto

Ho perso tante volte.

Ho perso, dal '74 ad oggi, un numero inestimabile di partite del Bologna.

Ho perso quasi tutti i Mondiali. Uno dei due che ho vinto... mi stavano pure sui coglioni.

Ho perso un sacco di treni perché sono arrivato al binario con pochi istanti di ritardo.

Ho perso molte ragazze perché arrivavo costantemente in anticipo.

Ho perso la mia stazione dei treni. E non so ancora chi ha ordinato di farla saltare.

Ho perso tutte le elezioni, tranne le due volte in cui ha vinto Romano Prodi. E lui no, non mi stava sui coglioni.

Ho perso la voglia di gettarmi sotto un treno ogni volta che la Sinistra perdeva, ché non sarebbe bastata la flotta di Trenitalia.

Ho perso la Sinistra. Chi la ritrovasse è pregato di chiamare il numero verde 610-610. Indossa un costumino per tutte le stagioni.

Ho perso amici di sinistra che sono diventati dei Cinque Stelle.

Ho perso la convinzione che fossero di sinistra, se sono diventati dei Cinque Stelle.

Ho perso la strada di casa a due passi da casa. Avevo troppo mojito nel sangue.

Ho perso le chiavi di casa. Un altro mazzo, un altro ancora. Una volta ho provato ad aprire il portone di casa con quella della macchina: mi è andato in moto il palazzo.

Ho perso la casa perché il mio padrone di casa ha litigato con l'altro padrone, un omeopata. Gli avrei infilato volentieri un milione di palline di oscillococcino su per il... naso.

Ho perso un gatto nero, nero, nero. Me l'aveva avvelenato il vicino.

Ho perso lavori, tanti. Talvolta per giusta causa. Talvolta per tigna. Sempre senza rimpianti.

Ho perso quello dell'*Unità*. Due o tre volte. *L'Unità* è come una scatola di cioccolatini: spesso contiene cose marroni e non è detto che siano commestibili.

Ho perso l'archivio dell'*Unità*, sequestrato dai manager, nascosto chissà dove in fondo al web.

Ho perso l'autocontrollo per non scrivere che tenere in ostaggio cent'anni di Storia è da banditi farabutti e che tutti quelli che hanno messo le mani sull'*Unità* degli ultimi anni dovrebbero percorrere via Nazionale ricoperti di pece e piume. *Shish*.

Ho perso le staffe in continuazione: per quelli che parcheggiano nel posto dei disabili, quelli che vanno in moto sulle ciclabili, i ciclisti che vanno sul marciapiede con la ciclabile accanto. Imbecilli convinti che basti appartenere a una famiglia per potersi permettere tutto. Giuro: ci sono stronzi persino tra i pedoni.

Ho perso un posto in radio perché me ne hanno offerto uno che sembrava migliore, ed era una trappola. One Nation One Station One palo nel culo.

Ho perso il sonno quando qualcuno ha deciso di credere a chi mi ha gettato addosso un vagone di letame per quattro soldi.

Ho perso la stima di me stesso quando non sono stato abbastanza adulto, cioè spessissimo, specie con la mia famiglia.

Ho perso sulla PlayStation notti che dovevano essere di lavoro. Anche per scrivere questo libro. Che sto ancora finendo di scrivere mentre lo leggete.

Ho perso lavorando il tempo che doveva darmi allegria, tipo giocare alla PlayStation.

Ho perso tempo su Twitter invece che leggere i libri che mi mancano per essere più colto di Di Maio. Tipo la tabellina del 2.

Ho perso altro tempo a rispondere a chi mi insultava sui social, come se fossero una cosa vera.

Ho perso donne che mi amavano. Per ignavia, codardia, inadeguatezza. Perché arrivavo troppo presto.

Ho perso mille inviti ai talk show perché avevo paura di diventare Mario Giordano doppiato da una voce quasi normale.

Ho perso le primarie. Tutte.

Ho perso le secondarie fatte come si deve perché ero troppo impegnato a schivare le interrogazioni.

Ho perso mille volte la voglia di dire a tizio che aveva ragione solo perché tizio era importante.

L'ho già detto che ho perso qualche lavoro? Ecco, qualche volta tizio se l'era presa.

Ho perso la possibilità di scegliere la parte giusta perché poteva tornarmi utile.

Ho perso l'occasione per starmene zitto, molte volte, questo libro compreso.

Ho perso un po' di rispetto per me stesso ogni volta che ho taciuto di fronte a una sopraffazione. Poche, per fortuna.

Ho perso fiducia nel Pd.

Ho perso il Pd.

Ho perso l'occasione di avere fiducia nei grillini, ché mi sono bastati i vaffanculo ai giornali della loro prima adunata.

Ho perso la patente. Me la tolse un agente che si chiamava Hutchinson di cognome. Pensavo fosse uno scherzo. Era vero.

Ho perso le carte di credito, tutte, una volta che avevo un appuntamento di lavoro e per il nervosismo cacciai il portafoglio nel cassonetto insieme alle cartacce che stavano sul sedile.

Ho perso gli anni ottanta, tutti, che mi facevano cagare già prima che fossero rivalutati.

Ho perso il '68.

Ho perso il '77.

Ho perso il 25 barrato perché ormai a correre per beccare il bus non ce la faccio più.

Ho perso lo spazzolino da denti elettrico ogni volta che ho dormito in un albergo: alla Oral-B hanno una mia statua mentre striscio la carta di credito.

Ho perso l'impegno politico in gioventù perché ero troppo occupato a vestirmi da paninaro.

Ho perso l'impegno politico di quando sarò vecchio perché oh, se proprio volete un Paese dominato dai furbi, vabbè. Cazzi vostri: mi arrendo.

Ho perso 1200 puntate consecutive di Barbara d'Urso, 2400 del *Grande Fratello*, 4800 dei programmi di Rete 4 che sembrano scritti con un fucile a pompa.

Ho perso tutte le password da quando non uso più "1234".

Ho perso il telefono a Milano. L'ho ritrovato.

L'ho perso a Bologna. L'ho ritrovato.

L'ho perso a Roma e a Napoli. Non l'ho ritrovato.

Ho perso il politicamente corretto di non dire dove ho perso il telefono solo perché potrebbe sembrare razzista. È una constatazione.

Ho perso la rivalutazione dei cinepanettoni.

Ho perso la rivalutazione del trash.

Ho perso la rivalutazione della Nestlè.

Ho perso *Beverly Hills 90210*. Ho perso *La casa di carta*.

Ho perso *Breaking Bad*. Ho perso una qualunque altra serie di culto di cui conversare a un apericena.

Ho perso la capacità di discernere se apericena sia maschile o femminile, dunque se ci va l'apostrofo.

Ho perso l'aplomb di rispondere "ti abbraccio" a chi mi insulta sui social. Al massimo gli stringo la mano. Con una tenaglia.

Ho perso mio padre troppo presto.

Ho perso mio fratello troppo presto.

Spero solo di non perdere la rivalutazione di questo libro.

In principio fu il blog – Il pezzo primigenio

Da www.lucabottura.net, 6 settembre 2015

Un mese fa, o poco più, l'emergenza migranti è stata gestita dai cittadini milanesi con entusiasmo ed efficienza. La stazione era piena di persone comuni che distribuivano viveri, vestiti, informazioni. Attorno a loro lavoravano alacremente le forze dell'ordine.

Ogni giorno navi della nostra Marina militare salvano vite umane nel Canale di Sicilia. Lo fanno pure ora che la missione Mare Nostrum è diventata Triton, anche sulla spinta di Merkel & C., e teoricamente avrebbe valenza ben poco umanitaria.

Associazioni religiose, laiche, semplici cittadini si incaricano quotidianamente, in una sorta di Resistenza civile, di equilibrare l'Italia orrenda e diffusa che sfrutta i clandestini. Un'Italia trasversale che parte dai campi di pomodori del Sud e arriva fino alle Langhe, dove i raccoglitori d'uva sono schiavi ucraini e moldavi.

Siamo un Paese molto migliore di quel che crediamo di essere.

Ma ce ne vergogniamo.

Chiunque dica o anche faccia cose concrete per i più sfortunati viene deriso, tacciato di secondi fini, assimilato ai Buzzi, definito col più rotondo e sgraziato degli aggettivi: buonista.

Be', buonisti un cazzo.

Buoni, semmai. Non perfetti, non santi, non intangibili. Ma buoni. O, se preferite, migliori. Migliori di chi gorgoglia razzismo più o meno mascherato e cerca sempre un nuovo pusher di palle – giornali, politici, buffoni vari che lucrano sull'intolleranza – con cui giustificare la propria coscienza livorosa.

Gente che magari ciancia di patriottismo, di difesa della bandiera, di identità nazionale. Gente che deve sapere una cosa: proprio quella vergogna ha appena tenuto l'Italia fuori dai libri di storia.

Perché la Germania avrà certo operato – anche – un calcolo, aprendo ai profughi siriani. Avrà anche spalancato le frontiere perché con un'economia così solida l'impatto può essere retto più facilmente. Avrà anche deciso di ribaltare l'inerzia della propria percezione all'estero dopo essere stata vissuta in giro per il mondo come la carnefice della Grecia e la punta di diamante della Troika o di chi volete voi.

Fatto sta che ha reagito alla prima vera emergenza nazionale come umilmente mi ero permesso di suggerire al nostro amato Premier "Accogliamoli tutti".

E che quella solidità, quell'economia intonsa, quell'orgoglio di popolo, vengono da un Paese che non evade 300 miliardi di tasse l'anno, che distribuisce diritti ai propri cittadini perché sa chiedere i doveri, in cui c'è qualcuno che prende una decisione impopolare sul fronte interno, a forte rischio terrorismo, semplicemente perché la considera inevitabile.

Noi no. Noi titilliamo i ladri, soprattutto quelli della porta accanto, e accettiamo che un Paese largamente corrotto sia ineluttabile. Chiediamo loro il voto anche da sinistra, dando de facto dei babbei a chi si comporta decentemente. Nonostante tutto.

Li deridiamo se siamo di destra. Dicendo che non ci sono i soldi. Quelli dell'Iva che ci teniamo in tasca.

Per questo, su quei libri, ci sarà un poliziotto di Monaco e non un marinaio di Lampedusa. Per questo potevamo fare la Storia, e ancora una volta l'avremo subita. Per colpa di una minoranza vincente che applaudirebbe i migranti solo se sfilassero dentro a una cassa di legno.

Viva l'Italia.

Il pezzo che originò il pezzo primigenio
Da www.lucabottura.net, 25 giugno 2015

Accogliamoli tutti
di ~~Matteo Renzi~~

Buongiorno a tutti.

Prendendo la parola in questo consesso europeo sento che tutto, tranne la vostra personale cortesia, è contro di me. Ma spero che questo mio breve intervento, forse tardivo, renda giustizia alla grandezza del Paese che rappresento e all'intelligenza di chi mi ascolta.

Durante il semestre italiano di presidenza europea abbiamo sottovalutato il problema dei migranti. Noi per primi. Non abbiamo cercato una soluzione condivisa per motivi che ritenevamo strategici, e invece erano puramente tattici. Speravamo di ricondurre il problema ad accordi negoziali tra le nazioni dell'Unione, o alla revisione di quelli esistenti.

Gli sbarchi quotidiani sulle coste italiane, i cammini della speranza di chi parte dall'Africa subsahariana e tenta di passare per l'Ungheria, i tentativi di passaggio dal Marocco alla Spagna, e dalla Francia al Regno Unito, richiedono una risposta immediata, ampia e, userò un aggettivo che in parte spaventa anche me, generosa.

Nel mio Paese, e da quel che leggo anche nei vostri, coloro che si oppongono alla tensione razzista, e a chi se ne fa scudo per lucrare consensi, si sentono rispondere con scherno: "E allora accogliamoli tutti".

Allora, oggi, questo sento il dovere di comunicare agli illustri colleghi del Parlamento europeo: noi faremo proprio così. Li accoglieremo tutti.

Li accoglieremo e forniremo loro un permesso di soggiorno temporaneo che li regolarizzerà su tutto il territorio europeo.

Ciò risponde a un'esigenza tattica, ma anche strategica.

Tatticamente, diciamo con forza all'Europa che le nostre frontiere sono le vostre frontiere. Condividiamo ciò che adesso è un problema, e non possiamo che risolverlo insieme: ne va dell'Unione.

Strategicamente, ci diciamo tutti insieme che la rivoluzione da compiere è molto più profonda, che i nostri strumenti sull'asilo politico sono inadeguati al presente, che bisogna prendere atto di come sia impossibile separare chi fugge dalla miseria da quelli che scappano anche dal terrore e dalle persecuzioni perché le tre condizioni – miseria, terrore, persecuzione – sono frutto delle politiche che anche noi, Europa, abbiamo applicato negli ultimi duecento anni.

La consapevolezza montante delle nostre responsabilità è inoltre benzina per gli estremismi tutti, copertura ideologica per gli Stati islamici più o meno autoproclamati e, dunque, un pericolo molto più reale che la gestione collettiva e consapevole di un flusso migratorio che nasce da evidenti esigenze di sopravvivenza.

È una posizione complessa, per molti versi impopolare, che certamente comporterà prezzi da pagare. Al mio governo, in termini di voti. Al mio Paese, in termini di rapporti bilaterali con Paesi amici, gli stessi Paesi che hanno già abolito Schengen senza dircelo e considerano l'Italia niente di più che una battigia lanciata in mezzo al Mediterraneo. Anche la Gran Bretagna, che ha come capitale la città più multiculturale del mondo.

Ma appunto non è più il momento di tattiche. Un grande italiano, Alcide De Gasperi, citando un teologo americano, diceva che i politici guardano alle prossime elezioni, gli statisti alle prossime generazioni. Noi abbiamo meno tempo. Quando tornerà a farsi sentire l'odore disgustoso dell'esplosivo, nelle nostre strade pulite, laddove crediamo scioccamente di essere al sicuro, dovremo aver quantomeno avviato un percorso culturale che costruisca una nuova e duratura stagione di pace. Dovremo opporre la ragione all'isteria. La coscienza alle viscere.

Dovremmo vincere, senza combatterla, la Terza guerra mondiale.

Per questo chiedo, oggi, un rivolgimento epocale delle politiche europee sull'immigrazione. Chiedo di non anteporre gli interessi commerciali alla dignità delle vite umane. Di rivedere la politica economica verso l'Africa con una rivoluzione di sistema che rimuova lo sfruttamento e crei, al contempo, nuove opportunità di guadagno, reciprocamente sostenibili. Richiamo l'Europa a quei valori cristiani che avremmo voluto inserire tra le radici della nostra Costituzione. Valori che contemplano la solidarietà al primo posto. Il bene che chiama il bene. Che tenta di convertire un guaio in una risorsa.

Adesso.

Chiedo di compiere, qui e ora, un atto di coraggio collettivo per il quale i nostri figli ci ringrazieranno.

Accogliamoli tutti.

Grazie per avermi ascoltato

Indice